大是文化

엄마가 만드는 초등 수학 자신감

數學
自信心

一個人能不能自主學習，
關鍵在國小數學。

最會教的三寶媽帶你破解各學年數學關卡。

梨花女子大學數學教育系畢業、
曾任職升學補習班數學科出題小組、三個小孩的媽媽
鄭熙景——著

陳聖薇——譯

Contents

推薦序

學數學是不斷打磨自己，
且追求卓越

《當老師真是太棒了》作者／黃俊堯

　　數學是許多孩子的一大罩門，從國小中年級起，課本便開始出現更多抽象化的概念，像是分數、時間；以及更艱深的計算，例如除法、單位換算。抽象的概念、難度提高的計算，再加上新課綱之下多變的題型，重重難關結合在一起，使得許多孩子一聽到要考數學，便哀鴻遍野。

　　我曾在國中擔任過補救教學老師，上課時，看著底下的孩子雙眼無神的望著臺上的我，心中便充滿許多不捨，因為這些空洞的眼神，不是代表孩子學習態度差，而是巨大的程度落差所導致。

　　但是，學數學難道只能靠天賦，甚至只可以講求緣分嗎？答案肯定不是的！如同本書作者所說：「用對方法，大部分的孩子一定都能達成精熟的狀態。」因

此，請容我劇透一些書中的心法，來協助孩子學數學：

1. 大量練習加上仔細訂正

《荀子·勸學》曾說道：「騏驥一躍，不能十步；駑馬十駕，功在不舍。」說明了就算是一般的馬，只要肯努力不懈，終究能達到千里之遠。然而，**大量練習後，更為重要的便是針對錯誤試題的再次訂正**，藉由練習與訂正兩者相輔相成，才能達到精熟的成效。

2. 營造專屬的學習時間

家長們都盼望著孩子能坐在書桌前，乖乖練習評量的自律表現，然而，若是孩子專心念書時，爸媽卻是在一旁看電視或玩手機，小孩心中一定會感受到莫大的不平衡。因此，為孩子設立一個專屬的學習時間，在這段時間內，家長必須陪伴子女一同學習，營造出小孩、大人一同努力的讀書氛圍。

3. 尋找適合自己的評量

評量的選擇端看孩子目前的程度，而非難度越艱深，效果就越好。作者建議**家長可以幫孩子準備兩本數**

學評量，一本專攻基礎運算，另一本則依據孩子程度來決定難易度。

4. 製造成就感

成就感可謂是學習最大的動機，也是能愛上學習的甜蜜吸引力。學數學的過程中，有各種成就感等著孩子去體會。比方說，解出難題、完成一回評量、答對錯題……完成這些任務，都能讓孩子感受並積累破解難關的樂趣與成就，進而繼續往更艱鉅的關卡邁進。

這本書藉由系統化的編排，讓家長們可以依循書中的建議，安排不同學習階段的孩子，透過規律的練習熟能生巧，並且達到精通的程度。而學習數學時，爸媽若可以全心全意的支持，並適時給予稱讚、安慰或鼓勵，在孩子的心中，更能有足夠的能量去挑戰數學這個大魔王。

有效的學習方法、安全的讀書環境，還有父母的應援及陪伴，相信學數學不再只是講求緣分，而是「一分耕耘，一分收穫」；也相信一定會有更多孩子，能在獲得成就感之際，進而愛上這個科目。

　　祝福大家找到屬於自己的學習方法。學數學正是
不斷打磨自己，且追求卓越的過程。

前言
數學有自信，自主學習沒問題

　　養育三個小孩的我，曾遇過不少煩惱如何教孩子數學的家長。由於我是本科系畢業的，一直以來都認為只有高中二年級學的數學才叫做數學，因此在我生養小孩之前，我都覺得：「國小數學不就是四則運算、分數、小數、圖形嗎？怎麼會有人在小學就放棄數學？」

　　直到我的孩子上了國小高年級，看著數學課本上的「最高階數學」、「延伸問題」、「易錯題」等題目時，連我這數學系的都會在不知不覺間偷瞄解答，這才讓我了解到小學數學非同小可。

　　我開始思索該從哪邊開始協助孩子提升數學能力，在幫他們看作業的過程中，也能從錯誤中找到正確解答。這讓我理解到，不論父母會不會數學，一定要跟孩子一起探索，因為沒有人比父母更懂自己的小孩，如此才能達到最佳的學習效率。

　　國小時，好好培養孩子的數學，升上國中後，他

們就會自主學習，高中時也能透過補習班彌補自己的不足之處。

　　大人不需要懂孩子全部的科目，但要能比他們更快一步設定下階段的目標，並快速找出不足的部分。

　　我曾任職於高中升學補習班的數學科出題小組，負責全國高中模擬考的出題、修正、檢討等，努力提升學生的數學實力。

　　我們準備的所有考試，都是為了韓國每年11月的「大學修學能力測驗[1]」。模擬考試結束之後，我們會研究學生的分數落點，並整理出相關資料，以便預測與分析大學考試的出題方向。

　　經過一連串的分析後，就會接著準備下一個、明年的數學考試，這份工作通常都是追著高三學生的進度跑（時光飛逝，如今我身為國中生家長，不再以出題、檢討為目的，而是更想知道如何解題）。

　　大考測驗當天的第二節數學學科考試開始後，我們就會開始忙著解題，3小時內就要寫好解答並發送出

1　韓國的大學修學能力測驗，類似於臺灣的大學學科能力測驗，舉辦日期為每年11月的第三個星期四。

去。與我一同工作的同仁都是專攻數學的解題專家，我們將平凡的數學概念轉換成有意義的題目，而每一次的解題過程，都會讓我們再次思考原本就知道的概念。

多數人認為，數學好的人是天才，他們擁有卓越的問題解決能力，但我在工作現場看到的是，這些專家認真且透過反覆練習，加深數學基本功，進而讓自己的實力更上一層樓。

因此，我總會跟學生說，如果想讓自己數學變好，只需要投資時間、題目、筆與計算紙即可。

因為不可能所有學生的成績都在頂標，所以不需要四處找尋能達成頂標成績的補習班，或是被周圍的人動搖。小學數學只是這趟長期數學之旅的開端，只要訂下比現在的實力高個兩、三階級的目標即可。

對我來說，數學是達成目標的手段，同時也是目標所在，我希望不僅是學生本身，家長也能客觀診斷子女的數學程度，並確認什麼學習方式對他們有助益。

近來，許多父母會尋找優質的數學課程與相關書籍，但大家其實都清楚，**盲目的超前進度對小孩並沒有益處，培養自主學習才是關鍵**。父母應該好好思考孩子的學習步調，並找出適合他們的讀書方法。

　　家長若想找出適合子女的學習步調與方向，就必須先嘗試研讀數學，這樣才能知道孩子是否具備基本的數學能力、理解其概念、讀得懂其題目、對數字的靈敏度高低，以及是否能獨立完成該學科的應用與進階單元等，如此一來，才能確認他們目前的數學實力。

　　若無確認上述事項，就盲目送小孩去補習班，猶如隨意踏進一間服飾店，挑選名貴的衣服試穿後，就詢問店員「我好看嗎？」一樣；店員不可能會說：「這件衣服不適合您，您需要減肥後再來購買比較好。」畢竟店員的責任是希望我們可以消費。

　　本書收錄了在家就可以自行評估的所有數學學習方法，例如：養成每天都解題的習慣、選擇評量的基準、各學年的學習關鍵字、形成不同成就感的數學方法論、邏輯思考數學、超前進度與進階學習、錯題筆記等。

　　我非常尊敬在學校或補習班教數學的老師，但每每閱讀這些老師所寫的書籍時，腦海中總會冒出許多疑問。書中雖會說明該學習什麼，卻無法得知該如何學數學，因為現實情況是，我們無法理解孩子為什麼不能安靜坐在書桌前讀書。

　　本書將會告訴我們，為什麼要學習數學（Why）、

要學習什麼（What）、以及如何學習（How）。完整說明各學年、不同程度應有的數學基本能力，以及規律學數學的方法，若父母可以從中選擇一種方式，並好好的實踐，相信對小孩的學業會有極大的效果。

　　今天我也確認了孩子的數學評量進度，不過我這麼做與我是否是專業人士無關。身為一個平凡的媽媽，我只是單純想為孩子加油、鼓勵他們坐在書桌前學習數學，我相信讀者們也能做得到。

課程中經常出現的詞彙

只需要熟記數學的相關字彙或資訊中經常出現的用語，就能有助於理解內容。

- **螺旋式架構**：像龍捲風一樣下方窄，越往上越寬，如同海螺盤旋而上的架構。數學不是階梯式，而是螺旋式架構，無法省略中間任一過程，越往上就會擴展更多概念。舉例來說，不會加法就不可能學乘法、不認識圓就不可能理解球。

- **現行**：在家的學習進度與學校數學進度一致，也就是說，在學校學了哪一單元，回家後就做同一單元的評量。一般而言，就是在三年級上學期時，寫當學期的數學參考書，稱之為「現行」。

- **先修**：比學校教的數學進度還快，在本書中，超前一年的進度稱之為「先修」，利用寒暑假學習下一學期的數學內容，則稱之為「預習」。

- **預習**：事先研讀在學校會學到的內容，從明天會學到的單元到下學期會學到的章節等，都屬於預習的範疇。

- **複習**:「重複學習一次學校學過的內容」。因為學數學無法跳過任何階段，所以必須複習不理解概念的單元，才能進到下個進程。

- **奠基**:指的是「奠定一個單元、一個學期的基礎」，也就是仔細做許多次不同題型與進階的評量；再寫一次已經會的題目，不會的就要再用心解題，達成一個學期可以做三本以上不同題型的講義。

- **錯題**:「做錯的題目」。重新做一次寫錯的問題（相關用語：錯題筆記）。

- **一錯再錯題**:「做錯兩次的題目」。做錯的題目，再一次學習之後又寫錯；或是重新學習做錯一次的題型後，再次解題。

- **完全征服**:完整做完一本評量就稱之為「完全征服」，這雖然不是標準用語，但在家長之間算是常用的一個詞彙，還是要了解一下比較好。

- **基礎（書）**:所謂基礎書就是偏重基本題型的教材，在國小階段也稱之為「概念書」。例如課本，是所有人都須熟知的內容，如果不懂概念，就難以接續下學期、下學年的課程。

- **概念（書）**:比課本還要詳細的教材。每一家

出版社都會出版這一類型的評量，題型不多、難易度較為簡單。

- **應用（書）**：難易度約中等左右的應用參考書，一半是基本題型、一半是應用題型的評量。

- **題庫（書）**：可以寫到不同題型的講義，大部分的題庫本都收錄許多題目，這樣的書籍在國中階段尤為重要。

- **進階（書）**：高難度的進階評量，進階題目的比重超過全書的50％。

- **活用**：可應用於實際生活的題型。

- **埋首念書**：學習數學的時間比平時多兩倍，且提升進度與難易度，高年級的孩子若能這樣持續用功幾個月，效果會非常好。

學齡前到國中的學習地圖

學齡前（5～6歲）	一年級	二年級	三年級	四年級
←———讓孩子不害怕數學的重要階段———→			←養成規律的學習習慣→	
與書本親近	邏輯思考講義兩章、運算評量各兩章。		數學課本、運算教材各兩章，或數學課本、邏輯思考教材各兩章。	
	• 一年級暑假背誦九九乘法表。 • 與其每週去補習班一次，還不如在家好好做評量。		• 從這時開始，可以做進階學習。 • 有時間的話，可以做數學進階問題→提升思考力。	
• 就算運算講義很難，也要堅持到底，可以利用有趣的教材來學習。	• 推薦邏輯思考補習班（但這時期課本最重要，因此只推薦在家能做到課本進階題型的學生去）。			
	• 需要預習與複習二年級的「時刻與時間」單元、三年級的「長度與時間」單元。			

五年級	六年級	七年級	八年級
數學資質越來越強的時機，掌握投入在數學的時間		數學程度可以更上一層樓	
數學課本基本、應用各兩章，或數學課本應用、進階各兩章。		超前概念兩章、現行進階兩章	數學學習量爆發性增加
·事先嘗試國中運算教材			·第一次校內考試
	── 國中運算 ──		
·可超前國中進度（但國中要背誦的部分較多，應著重於應用學習，而非追進度）。		·可以依照不同類別，各找尋一本數學進階書籍！	
·反覆學習分數加、減、乘法的課程與概念。	·意外的伏兵——小數的除法。	·學習國中的數學概念。	

不同階段的參考書用法

學年	開始的時機與方法
5～6歲	根據孩子的識字程度與閱讀能力差異，從二年級的暑假開始，要具備看懂並解出課本題目的基礎。
一年級	
二年級	
三年級	二年級寒假起，就可以開始學習三年級第一學期的課本應用部分。
四年級	找尋適合自家子女程度的評量，從基礎到應用、從應用到進階。
五年級	
六年級	結束國小數學課程，開始書寫國中運算教材。

1. **不要只選擇單一出版社的講義，最好是依據小孩本身的情況來做選擇。**

2. 5～7歲階段著重的不是閱讀理解能力，所以大人須唸書給孩子聽。請記住，這一時期絕對不可看學習漫畫。

3. 如果想在國小二年級前打好數學的基礎，應同時採用運算教材與邏輯思考評量為佳，而課本習作就留待二年級暑假時，與三年級上學期的應用題型一起做。

4. 運算講義、邏輯思考參考書、課本習作的進度可能會有所不同。舉例來說，四則運算雖是四年級的數學學習內容，但它被編在三年級下學期的課本習作中，而邏輯思考參考書則將其劃分在三年級上學期，這樣的進度差異可以協助孩子更確實的預習與複習，且會產生更佳的學習成效。

5. 當程度到達能解答四年級上學期的數學應用問題起，就可以開始先預習，善用寒暑假時間，寫下一學期的應用教材、當學期的超進階評量。

從經驗上看來，四、五年級正值數學開竅的階段，孩子的成長會相當快速；六年級時暫時休息一下，不要做超進階數學講義，而是超前進度預習一下國中數學。此時期不需要用特定的國中評量，而是要找適合孩子的參考書。

各年級概念整理

我們必須了解孩子從國小到國中要學習的所有數學課程，下表為大家整理從一年級到九年級的數學課程概念，以便清楚看到哪一個年級會學到哪些實際生活中會用到的概念。

學年	主要概念
一年級	• 數數：數到9、數到50、數到100。 • 認識圖形：找出正方形、三角形、圓形。 • 運算：集合與分散、一位數、兩位數加減。 • 比較：長短、大小、輕重、寬窄、多少。 • 看時鐘：整點與30分。 • 找出規則：數列表。
二年級	• 數數：三位數、四位數。 • 認識圖形：了解正方形、三角形、圓形的特徵，區分五角形、六角形，以及認識七巧板與積木。 • 運算：兩位數加減的進位與退位、計算三位數、導入乘法概念、背誦九九乘法表。 • 測量長度：一公尺（m）等於100公分（cm）、計算長度、推算長度。

（接下頁）

二年級	• 時刻與時間：畫出以一分鐘為單位的分針、0點30分的概念、一小時60分鐘、看月曆、數日子、一天24小時、一週7天、一年365天。 • 找出規則：找出加法表、減法表的規則。
三年級 第一學期	• 運算：兩次進位與退位的三位數加減概念、除法概念、進位一次的兩位數乘法、介紹分數與小數。 • 平面圖形：線段、直線、半直線、角、角度、直角三角形、直角四角形、正四角形。 • 長度與時間：一公釐、一公里等於1000公尺、以一秒為單位畫出秒針、60秒為一分鐘、計算所需時間。 　舉例：8公里400公尺－3公里600公尺、4小時15分30秒－1小時40分50秒。
三年級 第二學期	• 四則運算：不同位數的進位乘法、不同位數的除法、有退位的除法、除法商數與餘數、有餘數的除法。 • 圓：圓心、半徑、直徑、圓規的使用方法。 • 分數：分數的概念、真分數、假分數、帶分數，假分數轉換成帶分數、帶分數轉換成假分數，比較相同分母的分數大小。 • 容量與重量：一公升（L）等於1000毫升（mL）、一公斤（kg）等於1000公克（g）、一公噸（t）等於1000公斤（kg），推算重量、重量和與差。 　舉例：3公升600毫升－1公升900毫升、3公斤300公克＋3公斤800公克。

（接下頁）

四年級 第一學期	• 大數：唸出大數，10000（一萬）、100000（十萬）、1000000（百萬）、10000000（千萬）、100000000（億）、1000000000000（兆）。以10000（萬）為基準，10萬是一萬的幾倍、千萬是一萬的幾倍。 • 角度：直角、推算角度、三角形的三個內角合是180度、四邊形的四個內角合是360度。 • 四則運算：複雜的乘法與除法。 • 平面圖形：在方格紙上畫出、翻轉平面圖形。 • 直方圖：直方圖的特徵與畫圖表的方法。 • 找出規則：數列表。
四年級 第二學期	• 分數：相同分母的加與減。 　舉例：$1\frac{2}{4}+2\frac{1}{4}$。 • 三角形：銳角三角形、鈍角三角形、直角三角形、等腰三角形、正三角形。 • 小數：小數的概念與小數點位置、比大小、有進位與退位的兩位數小數加減。 　舉例：$0.43-0.37$。 • 四邊形：平行四邊形、菱形、直角四邊形、正四邊形、梯形。 • 折線圖：折線圖的特徵，與如何畫出、預測折線圖。
五年級 第一學期	• 自然數的混合運算。 　舉例：$42+（23-19）\times5$。 • 因數與倍數：理解因數與倍數、公因數、最大公因數、公倍數、最小公倍數。 • 規則與對應：從給予的數字中找出規律。

（接下頁）

五年級 第一學期	• 約分與通分：分數的約分與通分、最簡分數、將兩個分數通分成相同分母後比較大小、將分數換成 10 或 100 後改成小數。 　**舉例**：$2\frac{1}{4} = 2.25$。 • 分數的加與減：不同分母的帶分數相加進位、相減退位。 　**舉例**：$5\frac{1}{3} \times 3\frac{1}{4}$。 • 多邊形的周長與面積：一平方公分（$1cm^2$）與一平方公尺（$1m^2$）是面積的單位，可以求出平行四邊形、三角形、菱形、梯形的面積。
五年級 第二學期	• 數的範圍與估算：以上、以下、超過、未滿、無條件進位、無條件捨去、四捨五入。 • 分數：分數的乘法、三個分數的乘法、帶分數轉換為假分數後，分子與分子相乘、分母與分母相乘。 　**舉例**：$2\frac{1}{5} \times 4\frac{3}{4}$。 • 全等與對稱：全等、對應點、對應邊、對應角、線對稱圖形、點對稱圖形。 • 小數的乘法：小數改為分數、比較小數與分數的大小、小數點位置。 　**舉例**：1.143×0.37。 • 長方體：立體圖的概念、長方體與正方體的示意圖與展開圖。 • 平均與可能性：平均的概念，與事情發生的可能性。
六年級 第一學期	• 分數除法：真分數÷自然數、帶分數÷自然數。 • 角柱體與角錐：角柱體與角錐概念、展開圖。

（接下頁）

六年級 第一學期	• 小數的除法：小數÷自然數、小數÷小數、不同位數的小數除法。 • 比與比例：比、基準量、比例、百分率、％、多種活用問題。 • 各種圖表：圓餅圖、帶狀圖。 • 長方體的體積與表面積：長方體的展開圖、求體積、體積單位 $1000000cm^3$ 等於 $1m^3$。
六年級 第二學期	• 分數的除法：假分數÷自然數、帶分數÷自然數、真分數÷真分數。 • 小數的除法：小數÷小數、自然數÷自然數的商數會有小數。 • 空間與立體：一立方公分（ $1cm^3$ ）體積的單位、立體空間、積木。 • 比例式與比例分配：前項、後項、內項、外項、比例分配、鹽水與齒輪問題。 • 圓的面積：圓周、圓周率、π、圓的面積。 • 圓柱體、圓錐體、球體：展開圖與概念的理解。
七年級 第一學期	• 自然數的性質：質因數分解、次方、最大公因數、最小公倍數。 • 整數與有理數：整數與有理數的四則運算符號、絕對值、項、定數項、係數。 • 方程式：多項式次數、方程式、恆等式、一次方程式與其解、特殊解、方程式的活用。 • 座標平面、圖表與比例：對數與座標、圖表 $y=ax, y=a/x$。 • 正比與反比。

（接下頁）

七年級 第二學期	• 基本圖形：交點、交線、直線、角、對頂角、垂線、歪斜線、直線與平面的位置關係、同位角、內錯角、全等三角形（SSS、SAS、ASA）。 • 平面圖形：正N角形、內角大小、圓與扇形、弧、弦、弓形、扇形。 • 立體圖形：多面體、角錐體、旋轉體、立體圖形的表面積與體積。 • 統計：次數分配表、相對次數分配。
八年級 第一學期	• 數與式：無限小數、循環小數、基數與指數、指數法則、多項式的四則運算。 • 活用不等式：一次不等式（三個連續整數、成本與定價、濃度問題等）。 • 方程式：二元一次聯立方程式（代入法、加減法、替換法）、很多解或無解。 • 函數：線性函數$y = ax + b$（$a \neq 0$）、x截距y截距、聯立方程式的解與圖表。
八年級 第二學期	• 三角形的性質：等腰三角形、直角三角形、三角形外心、三角形內心。 • 四邊形的性質：平行四邊形、矩形、菱形、梯形、正四邊形。 • 相似圖形：相似三角形的條件、圖形內平行線之間的線段長度比例、三角形的中線、三角形的重心、相似圖形的面積與體積比。 • 畢氏定理。 • 機率：期望值（或、同時、單一、代表）機率（或、同時）。

（接下頁）

九年級 第一學期	• 平方根與實數：平方根、分母有理化、平方根表、平方根的四則運算、無理數的整數部分、三實數的大小關係。 • 多項式乘法與因數分解：乘法公式、因數分解。 • 二次方程式：方程式（$ax^2 + bx + c = 0$）、各種二次方程式、根的個數、重根、配方法、二次方程式。 • 二次函數：二次函數（$y = ax^2 + bx + c$）與二次函數的圖表。
九年級 第二學期	• 三角函數：三角函數的概念與值、三角函數的活用。 • 圓的性質：弧與弦的長度、圓的中心與弦的垂直等分線、切線的性質、三角形的內接圓、圓的外接三角形、圓周角與中心角的大小、圓周角的大小與弧的大小、圓的內接四角形、切線與弦形成的角。 • 統計：中位數、眾數、代表值、變量、誤差、標準誤差、散布圖。

*上表採用的數學主要概念用語，可能會與評量、課本的單元名稱不同。

1. 運算：國小階段，隨著年級的增加，運算難度會逐漸加深，為了達成學校基本課程目標所設定的運算能力，必須反覆練習到不出錯為止。一年級上學期到三年級下學期是自然數的四則運算（加減乘除）；四、五

年級則是擴及到分數;五、六年級更延伸到小數的計算;到了七至九年級,升級成整數、有理數、無理數的數字體系,需要準備應對複雜的數與式。

2. 圖形:到二年級為止,都是以區分各類圖形為主;從三年級起,是學習圖形構成的各種要素,需要熟稔、背誦圖形的所有概念(例如:線段、角、半徑);四年級開始會出現圖形的應用問題,比方說,利用三角尺、求摺紙角度等,必須能解答出評量中所出現的各類型題目。

3. 單位:需要特別練習二年級與三年級的「長度與時間」單元,市售有許多相關的教材,人們可以依照需求做選擇。

4. 國小階段雖然可以應用書為主來學習數學,但到了國中階段,就需要以運算書、概念書、題庫書等的順序來一一擊破。

第 1 章

數學這樣學，
父母小孩不焦慮

1 超前學習？
國中之前沒必要

　　我們雖然可以輕易講出「我的孩子跳繩很棒」、「很會摺紙」、「上臺報告時，臺風很穩」、「國文很好」等，卻不太敢說出「我的孩子數學很好」，這是因為多數人都覺得數學很難，害怕一旦這樣說，就會被認為該學科很厲害、很強。

　　事實上，造成上述原因還有另一層因素，那就是大部分的人對「數學好」的基準都相當高。

　　乘法概念首度出現在國小二年級的課程中，而這時家長並不會因孩子在學校學了九九乘法、背好九九乘法表，而說他們的數學好。

　　但是，對於一個能順暢背誦出九九乘法表的6歲小孩而言，大人們卻會斟酌是否該予以稱讚，這足以證明我們對數學的要求標準過高。

　　從教育部公布的課綱來看，學校每一學年教的課

程都是旨在幫助孩童理解基本概念，但補習班則是以教授進階、邏輯思考數學等的題庫評量為主，會出現難易度非常高的題目。

▌不須刻意「越級打怪」

我們無法否認數學的重要性，畢竟不論是高中的在校成績或大學考試分數等，都必須取得高分才能進入頂尖大學。為了提高測驗的辨別度，高中的校內考試與學測都必須包含進階問題，這考量也具合理性。

然而，**人的數學能力不可能在上高中後，就戲劇化的突飛猛進**。學數學的過程是螺旋式架構，即不能跳過每一學年的每個單元，但也因為如此，造成極端的「超前進度文化」。

為了提高大學考試能力測驗的辨識度，原先高中才會出現的進階問題，逐漸下修到國中，使得國中數學變得更難；而國小課程也受其影響提升難易度，如今甚至開始要求學齡前的兒童念數學。

明明本意是良善的，但因高中數學的難度擴大、成績難以提高，因而必須事先越級學習。可是近來，就

連國小學生都落入這樣的窠臼中。若要數學好，確實需要超前進度與進階練習，但現實狀況太過於極端。

不論孩子現在是小二、小五，或是國中，當他們覺得越級一年以上的進度很難，或是無法解出進階數學題時，父母們會如何呢？

家長們當然會感到不安，也可能會覺得：「是不是我的孩子不會讀書？」但是，現在不會寫進階題目，不代表到了高中就不會解題。

人的大腦是根據遺傳因素與外部因素的刺激而不斷發展的，頂多就是時機不同而已，不要一味覺得自家小孩的大腦發育會這樣持續到高中，只要有努力就會有相對應的成果。

也是有國小時期數學就相當出色的孩子，這些孩童趁著同年齡同學的專注力、續航力不佳而遙遙領先，他們可以超前進度學習，或是可以做進階題型。

不過，到了國中就變得不一樣，高中時又更大相逕庭，同學們都各自有了努力的目標，集中力與毅力也比過往好很多，且產生了做進階題目的欲望。

因此，根本不需要刻意「越級打怪」，**只要做好目前這學年的進階數學評量，才是真正拿到分數的方**

法，與其超前範圍學習，更重要的是深化當前的進度。

在此會有人提出疑問：「這是說每個人升上高中後，數學就會變好了嗎？這也太不切實際了吧？」更準確的說，成為高中生後，數學能大放異彩的孩童，一定是從國小階段就規律學習的學生。

在讀書的道路上，從基礎到應用，按部就班用功的孩子，到了高中就能發揮他的實力，進而願意為了可以在學業上獲得最佳成果而自主學習。

本書即要說明如何擬出一套符合自家小孩的數學學習法，並在大學入學考試之際，可以大聲說出：「我的孩子數學很好。」

▌成就感，是願意繼續學的最大動機

我在大學攻讀數學教育學系時，首爾大學出版文化院所寫的《學校數學教育基礎》（暫譯）一書，猶如我們系的聖經一般。

這本書的序文寫道：「學校數學課程最大的問題點，就是學生們缺乏學習動機。」明確指出教育的矛盾。會埋首於數學公式與推理的學生畢竟是少數，對一

般學子來說，根本難以對那些脫離四則運算的代數、幾何或三角函數產生學習動機。

但諷刺的是，在不知道為什麼要讀書，只知道數學會左右在校成績與升學結果的情況下，導致大多數學生總是耗費許多時間與精力在這個科目上。

在學校要學習如此艱澀又抽象的數學，一定有其原因——**那就是成就感。**

如果問我為什麼認為數學很美妙，我一定會說是「成就感」，而這一份感動也與在家學數學有很深的關聯性。

一年前，當我看到我家大女兒在英文補習班的高難度教材時大吃一驚，我馬上致電補習班老師詢問：「以國小目前的進度來看，教材中使用的英文詞彙好像有點難，我有些擔心我家小孩能不能看懂文本？」

對於我的擔憂，英文老師這樣回覆：「○○媽媽，○○目前在班上的測驗成績是平均以上，也就是說，她可以理解文章的含義，而英文閱讀（Reading）不見得要認得每一個詞彙，能不能抓到感覺才是主要重點。」

有段時間我難以忘記老師說的「感覺」一詞，因為一直以來我都是以讀數學的方式學習，忘記原來「感

覺」在其他科目中也很重要，換言之，就算不是正確答案，但也可以選擇最接近的答案。

　　而數學是透過理解問題與確實的解題過程得出正確答案，有人因而說數學很殘酷；倘若在我認真解題時，有人卻可以憑感覺解題的話，會如何呢？真的只要用心學習、具備累積實力的信念，就能獲得成就感嗎？

　　下列是從學數學的過程中所感受到的各種成就感（僅列舉部分）：

- 解出難題時。
- 昨天寫錯的題目，今天再次解題時，成功答對。
- 完成今天預定的進度時。
- 今天雖然寫錯了很多題，但最終都能理解時。
- 做完一本評量時。

　　從完整理解一道數學題目後求出答案的小小成就感，到寫完評量一個單元的一般成就感，以及順利了解一學年的內容時的大型成就感，數學是可以透過各種努力累積滿滿成就感的科目。

　　為了獲得這種感受，就必須與自己奮鬥，光看老

師在黑板上解題不會產生這種感受，只有自己解開問題才能有所得。

學數學不在於寫很多題目，而在於找出適合自己的步調，才能累積出好的學習經驗。每個孩子都有各自的發展軌跡，尤其在國小階段，不要因與他人比較，而訂出荒謬的目標；且與他人較量，會讓孩童無法享受成就感所帶來的快樂，只會有無限的挫折感。

自家小孩子目前的程度如何，只有父母最清楚，但未來會怎麼變化誰也說不準。請幫小孩設定一個離目前程度再高一階的目標，並協助他們從中獲得成就感。

幫助孩子以愉悅的心情坐在書桌前完成今天的進度，只要他一週都很認真寫完該寫的評量後，請記得一定要稱讚他，並協助他將今日的錯題轉化成明日的正解，使他獲得開心的能量。因為孩子無法獨自感受到快樂，父母必須鼓勵他一步步前行，並為其加油打氣。

只有極少數的孩童會在一開始就喜歡數學，大多數孩子會對數學產生興趣，必定是在解出一道不懂的題目時，而這正是學數學的第一步。

▌ 進步的原則──每天解題

　　各位有聽過「飛輪效應」（Flywheel effect）嗎？
這是美國知名電子商務平臺亞馬遜（Amazon）創辦人
傑夫・貝佐斯（Jeff Bezos）提出的公司成長理論。亞
馬遜在創業之初，每週都會提醒所有員工這項基本核心
理論，而飛輪效應的重點架構是正向循環。

　　亞馬遜平臺上的許多銷售店家，透過龐大的數據
資料找尋符合消費市場的商品，以此更了解客戶的喜
好，當符合需求的商品越多，客人就會越常來消費，還
能吸引更多商家進駐。

　　取得領先地位相當困難，但只要搶占先機，就可
以啟動正向循環。換句話說，如果要讓停止的輪子開始
轉動，需要投入大量的人力，但只要輪子開始啟動，就
會不停向前運轉。

　　這一概念現今已成為許多企業的商業模型，同理，
它也能應用在個人發展上。若將飛輪效應應用在數學
上，小孩每天寫練習題就像初次想轉動輪子一樣，需要
付出極大的心力，一旦輪子開始滾動，就能取得好成績
的領先優勢，而這努力的開端，若能由大人予以輔助，

將會更具效益。

我常聽到周遭的媽媽這樣說：「妳是怎麼教小孩數學的？妳好厲害。」、「妳的孩子應該很乖、很聽話吧。」、「我也試過了，但就是不行，我家寶貝根本不聽我的話。」

上述的話聽起來好像是在說我不費吹灰之力就能教好小孩，每每聽到這一類說法時，我都會倍感疑惑，當我認真思索後才發現，那是因為我們家只有一個學習規則──「**今天進度，今天畢**」。

這樣看似簡單的做法，執行起來卻相當困難。右頁圖表 1-1 是我所描繪的「數學飛輪」，大家也可以試著畫畫看。

如果養成每天寫評量的習慣，實力就會逐步提升，成績也會有顯著的進步。縱使成績沒有明顯的長進，也能熟悉解題技巧，但最重要的是，按部就班寫講義的小孩會產生「我能做到」的自信心、積極正向看待數學的能力，以及改變原先覺得數學模糊、又可怕的印象。

「根本不可能！我家孩子就算寫了參考書也還是不會！」數學實力並非一蹴可幾，若每天都能循序漸進做符合自己程度的算術評量，或是下定決心寫該學年的

每日規律練習題目

成長

正向看待數學　　　　　　提升實力

▲ 圖表 1-1　畫出專屬的「數學飛輪」

基本參考書，就能完整寫完一本書。只是，完成一本基礎教材，需要極大的毅力，所以很多學生在每學期初買評量後，往往只做了幾章就束之高閣。

　　有關根據個人程度、年級選擇習作的方法，我會留待後續章節再詳細說明，這裡要強調的是——**每天必須規律解題**。

　　我的三個孩子都各差 2 歲，每天的日常就是一日三餐、十點準時就寢、隔天上學讀書、按表定時間去補習班等。我們家日常之外的例行公事，是每天循規蹈矩的學數學，反覆日常的規律習慣就會變成**慣例**。

　　一般家庭學數學的時間可能會排在英文、閱讀、玩耍之後，但如果真想改變數學成績，可以從今天起訂下規定：「寫完兩本評量的各兩章後，就可以做其他想

做的事。」

　　爸媽問自家子女：「今天要念數學嗎？」小孩回答：「不要。」父母又問道：「今天就寫一章吧！」孩子依然回答：「不要。」這樣哄著、安撫著他們的過程，真的是一大壓力。**雖然在規矩確立前會經歷一段陣痛期，可是一旦養成習慣後，就能夠順利堅持下去。**

　　一開始雖然很辛苦，但只要養成習慣之後，孩子便能接受這樣的讀書慣例。不過，不能帶著「一定要讓孩子愛上數學！」的想法，否則學習只會淪為大人們的欲望。不論是討厭還是喜歡，只要每天一點一滴的累積，自然會產生成就感，成績也隨之提升，而同時還需考慮到每天做的分量是否會給孩童帶來負擔、壓力。

▎寫運算評量的時機

　　相信育有學齡前或小一、小二兒童的家長，可能會有人想：「這麼早就要學數學了嗎？」或是周邊有人不斷強調：「人最終還是取決於數學科目」、「低年級注重英文、高學年開始則是數學」、「數學好才能上好大學」、「國小數學就很難」等。

　　不需要過於強調數學的重要性，也不需要提早擔憂，我只是以自身立場想建議各位，在孩童國小一、二年級時，每一天可以試著寫一、兩頁有益於數學發展的教材。

　　寫完的評量不要送給別人或丟掉，而是要擺放在家中某處，就算孩子不記得其中的內容，至少也能給他們樹立一種學習的態度。學齡前與低年級學童的學習時長控制在 30 分鐘內為佳，如果不願意，至少要從三年級開始挑戰。我要再次重申，**若能在家裡規律的練習數學題目，會有非常好的成效**。

　　下頁圖表 1-2 以二年級運算教材與三年級課程評量為例，整理出居家學數學所需的時間，**運算教材必須從低學年開始書寫，而課程評量則要從三年級開始練習**。

　　這個表格的進度很寬鬆，即使中途因旅行或是生病而有幾天沒做講義也沒關係，每週的讀書進度設定為五天的原因在於，能讓小孩在星期六可以補齊平時遺漏的進度，星期天則可以好好休息。

　　實際上，坊間多數參考書也都有標示出每日進度。我們能根據該表格定出每日學習時數，例如：**7 歲 30 分鐘、三年級 1～2 小時、六年級 2 小時、國中 2 小時以上**

評量	所需的解題時間	年度學習分量
二年級運算教材	約28天／本	8本／年 →約10個月內完成一年的課程。
三年級課程評量	約66天／本	2本／年 →約8個月內完成一年課程。
	一本書在66天內完成→就算碰到週末、旅行、生病，也能在98天（14週）內完成。完成後，用兩週整理錯題筆記→約花費四個月左右。	

▲ 圖表1-2　二年級運算教材與三年級課程評量的學習時程

等，這樣一來便無須去補習班，在家即可學數學。

我家大女兒在上小學一年級之前，就已經做完一年級的運算教材與課程評量，並整理出錯題筆記，接下來就可以自行調整速度，進行深度學習、超前進度，抑或是複習。

放暑假時做下一學年的參考書，是預習也是超前，其實超前也不是什麼特別的事，就是循序漸進的解題、一步步向前邁進。

挑戰看看，只需要三個月，一定可以獲得學習的正向循環。

2 不用急著補習，在家學效果好

　　前述提及學數學的動機是成就感，而獲取成就感的辦法就是培養例行學習，要完成這兩個目標的最佳場所就是家裡。

▌在家學習的三大優點

在家學習的第一個優點是，不會被比較。

　　孩子在學校總是會有點搞不清楚狀況，沒有辦法馬上理解原來自己上臺發表表現很棒、寫字寫得很漂亮、是模範生，或是發現自己無法快速聽懂老師說的話等。其實在學校本就容易使人迷惘，但在家裡可以填補這些情緒上的缺失。

　　父母是最懂兒女的人，就算他們有缺點，也能予以包容，而其實子女也知道爸媽的嘮叨是愛、是關心。

第二個優點是，自律性。

國小階段，可以在大人與孩子的同意下，決定一天的學習分量，這也算是一種自主學習。所謂自主學習並不是在規定的時間內自行讀書，畢竟這世上應該不會有人想著：「我現在要開始念數學。」就每天坐在書桌前算數學，至少我不曾聽過、看過這樣的孩童，我們家的情況也是如此。

在家學習能夠形成自律性的意思，是指可以自行決定評量的種類與一天要完成的分量，光就這一點來說，就等於是讓學童掌握了學習主導權，而非老師或是家長決定評量進度要孩子完成。

讓孩子掌握讀書自主權、自行選擇參考書、訂定每日學習進度，就能讓他們產生正向、肯定的心態，而父母的角色就是協助子女完成每日預定的進度。

第三個優點是，可以視情況調整進度。

當孩子身體不舒服，或是去旅行時，可以減少學習分量，若計畫排在寒暑假的話，就可以全心投入、加快進度。

▌視情況調整學習進度

該從哪邊開始調整孩子的數學呢？學齡前與低年級的爸媽大致可區分為兩類。一種是深怕孩子會屈居人後，所以想要先做點什麼的家長；另一種是認為時候到了小孩就會主動念書，不需要要求什麼的家長。這兩種父母的想法都有其道理，若要調和這兩種想法，首先需要了解現代學童的學校教育與入學考試的實際情況。

• 國小數學，每天寫兩章評量

不建議在國小階段花費太多時間逼迫孩子學數學，**一天寫兩本評量中的各兩章即可**。為了減少四則運算的犯錯率，必須持續練習，因此需要各寫兩章的算數習作，若能養成做這學期或下學期的數學課程講義的習慣，不論是在預習或複習上，都有極佳的意義。目前國小的各單元教材都不會擴及進階題型，如果每天規律的做題目，就可以拿到90分以上的高分。

• 國中數學，重點在理解概念

國中數學從五、六年級起跑為佳，為的是要探知

孩童是否對數學具有敏銳度。因為國中數學有未知數，以及有別於小學階段的符號，若孩子不具備敏銳度，就會在七年級上學期陷入苦戰。六年級做國中運算教材時，只要能理解其概念，就能按部就班做目前市售的數學評量。

　　然而，當小孩難以理解概念時，大人們就得更加下定決心，**要讓他們從解題的過程中領悟基本原理，這勢必會耗費許多時間，因此就算他人已經寫完一、兩本參考書，也不能急躁，必須耐心的等待孩子確實理解。因為概念理解速度較慢，所以從國中起就必須先寫概念書**，不要急著進入一般評量，務必比其他人投入更多時間理解概念，之後解題才會獲得成就感。

　　在家寫評量時，需要計分、訂正，必要時大人亦可予以協助，或是請家教等。在孩子確認自己的問題後，想要補習也沒問題，但一定要謹記找補習班的目的，是為了能夠自主學習。

　　國中數學需要反覆寫概念書與應用書，只要每天循序漸進的寫題目，或許就能用一年，超前兩年的進度，這是因為國中題庫書的特性與國小進階評量不同的緣故。

若是從小養成規律寫題目的學生，憑藉此基礎就能在兩個月內寫完一本國中題庫書，甚至同時寫兩本都不成問題。若依照這樣的進度，到了九年級時，就可以開始做高中數學。

到目前為止我所說的讀書方法，與父母世代並沒有太大的差異，也沒有脫離「在家規律寫兩本數學評量的各兩章」的做法，不過進入高中後，情況將完全不同。

• 高中數學，必須超前進度

高中數學必須超前的原因在於，現今高中生要做的事太多，但時間卻明顯不夠。至於要寫應用書還是進階書，端看看個人的能力。

與父母世代不同的是，現今高中的所有活動都影響著未來能念哪一所大學、哪一個科系。以前高一的第一次期中考成績，完全不會影響未來的大學申請，但現在在校成績會完整呈現在學習歷程上，也就是說，高一、高二上下學期與高三上學期的期中、期末考成績都會出現在申請大學的文件上。

另外，評分方式也與父母世代截然不同，從平時分數、數理論述、選擇題評分、申論題評分等各種不同

的項目，必須精讀才能拿到高分。

重點是，不只數學單科如此，高中所有科目都會
為個人作業、分組作業等來評分，前段班的學生之間競
爭相當激烈。一旦上了高中，就算大人拜託小孩快點去
睡，孩子們也會為了維持好成績而徹夜準備，簡單來說
就是每一科都要兼顧到。

現代的孩子真的很辛苦，但從學校的立場看來，
這是為了讓他們擁有競爭力所必須做的選擇。韓國高中
將在校成績分為九個等級，唯有成績在全校前4%才能
進入第一等級，若將前三等級視為是前標，學生們為了
擠進這一等級，每一天、每一週、每個月都必須認真讀
書，方能在競爭中脫穎而出。

父母世代的高中生在準備期中考時，會在考試三
週前制定計畫、依照計畫念書，這三週內就是集中看課
本與評量，數學科目則是依據難易度寫參考書就可以拿
到好分數。

然而，在如今的學習評分制度上，父母世代的讀
書方法並無法獲得好成績，因為出題委員不論出多難、
多複雜的問題，還是會有孩子能成功解題，所以學習評
分制度除了有出席分數，還細分成各種評比項目，簡言

之，就是要看孩子們的毅力與努力的結果。

我之前曾經在模擬考試出題小組工作過，每一回模擬考試結果出爐後，我們會分析成績落點，並以百分率標示出全國學生分數的分布概況圖。雖然這真的很殘酷，但從辨別個別程度的角度看來，模擬考與學生的在校成績相比，確實較能建立在校成績與大學入學測驗的基準點。

父母雖然也會對不念書、成績位於後段班的孩子感到焦慮不安，可家長們對於認真上進、成績在前標的孩子，只能含淚為他們準備營養補給品；倘若孩子的努力可以獲得相對應的成果，自然是很高興，但若不小心考得差強人意，會影響往後的人生。

看到這裡，相信目前育有學齡前、或低年級孩子的父母，都希望自家子女成為高中生後也可以名列前茅，當然我也是如此。

因此，千萬記得，為了要讓我們的孩子在上高中後，擁有能承擔成績壓力的強悍意志，我們必須視孩子的學習情況來調整進度。

教育專家說：「國小時，數學進度不要落於人後。」這群專家又說：「數學要從國小開始規律的做題目。」

上述這兩句話都對，也都有其道理。我們應該這樣栽培小孩，在國中需要比國小擁有更多的讀書能量，在高中又要比國中具備再加倍的學習能量。

當國小五、六年級嘗試過全心全意的念書，那麼國中開始就會變得不一樣，為了往後的日子著想，要根據孩子的情況調整進度，不要過分貪心，最重要的是確實完成當日進度。

▌從挑選合適的參考書開始

評量的種類真的非常多，常常想要去書店挑一本來寫，卻不知道該從何下手。我曾經因友人的推薦而選擇某本不適合的教材，卻因此深感挫折。其實挑選參考書應該要與孩子一同商量，並選擇一本解題較為適當。

當我們開始煩惱要挑哪一種講義之後，這個苦惱就永無止境，目前國小補習班與小學數學教材的市場呈現飽和狀態，究竟該選擇哪種評量才對孩子有利？哪個又能在最短時間內達到最佳效果呢？

請選擇難易度適中的教材，並從今天開始解題。
只要專心寫一本，好好提高正確率、整理錯題筆記、訂

正題目，便可以逐漸累積小孩的數學實力。

　　不要想著：「某家的孩子就是寫了某一本評量，成績才變好的。」而是要想著：「那個孩童成績會變好，是因為他很認真努力的寫各種講義。」

　　國小數學教材的種類繁多，陸續出版的書籍也已汗牛充棟，但到了國中，參考書的類型就瞬間減半，想要買一本評量然後征服它並不容易。那高中教材呢？過去父母世代所使用的教材依然是大家的首選，用一年的時間，好好讀課本、習作，就能打穩基本功。

　　教育的本質從來沒有改變過，只要用功讀書，實力就會逐步提升，總之選好兩本數學評量，且每天各寫兩章，就能漸漸感受到孩子的成長。

　　各個出版社都有出運算、基本、應用、進階的參考書，這邊依據課程教材的基本→應用→進階程度整理如下：

　　基本程度：有相當多以學校課本的程度說明基礎原理的概念書，當想要超前進度、仔細研讀基本概念時，**就可以選擇含有「概念」這一詞彙的評量。**

　　應用程度：在學校單元評量中被分類於困難等級

的題型，如果想要寫更多此種類的題目時，可以選擇**含有「題庫」這一詞彙的參考書**。

進階程度：學校習作或課本不會出現的題型，而這類型題目在大型補習班被歸類於頂尖班程度。並非所有的孩子都必須在國小階段進入菁英班，只要在這個時期規律寫應用題型，升上國中後依舊認真做評量，就能獲得90分以上。

進階程度的教材很難順利的解題，每一題可能都要耗費30分鐘左右，所以不要盲目的下手，建議順利解出應用程度題型，且具有挑戰精神的孩子可以嘗試看看。

• 選擇課程評量的基準

寫課程評量的時機是二年級下學期或是二年級的暑假，從國小三年級上學期開始可以做應用書，並確認答題正確率是否有超過七成。

在沒有寫過數學參考書的前提下，不可能憑感覺決定該寫哪一本講義，而只寫幾頁、一個單元等，也不可能知道評量的難易程度。因此，至少要寫過三個單元，並確認答題正確率之後，才能決定是否要提升或降

低教材標準。本書第 3 章會詳細說明從三年級開始，如何在一邊寫課程評量的同時一邊讀書的方法。

最好的讀書方法是，分別做一次各大出版社的參考書，而決定評量時，可以與孩子一同到書店比較、挑選，這會讓他們產生學習動機。

學齡前或低學年的家長請先讓子女循序漸進的寫運算教材與邏輯思考參考書，這一時期就算做錯很多也沒關係。三、四年級階段因為時間較為寬裕，可以在練習課程評量之餘，再加入問答式評量。

高年級時，建議每日完成兩本課程評量的各兩章，若一開始覺得很難達成，可以先減少書寫的分量，但**與其縮減學習量，不如降低難度**，因為最終仍是要做到相同的量（參見圖表 1-3）。

學年	書寫評量的種類
一、二年級	運算教材＋邏輯思考參考書。
三、四、五年級	運算教材＋課程評量或課程評量＋問答式評量。
六年級	課程評量＋國中運算教材。
七、八、九年級	課程評量兩本。

▲ 圖表 1-3　各學年使用的評量種類

▌在家學習穩定後再去補習班

補習班不一定不好，特別是藝術、體能類，或是英文等，都需要藉由補習來更上一層樓。在適當的時機補習，並依據補習班良好的課程教學計畫，可以省下許多探索的時間與精力。不過，數學在國小階段要進行的是在家學習，我建議是上國中後，等到一切都穩定，且能夠自主學習，再去會比較好。

國小階段就去補習班，反而是浪費時間與養成壞習慣，像是寫評量時，會把解答放旁邊的情況，這樣的話還不如在家學習，或是參加小規模的讀書會為佳。因為缺乏耐心與毅力，是無法將數學變成自己的。以下是在家學數學的相關注意事項：

- 要努力自行理解概念（採用課本、基礎書）。
- 父母在說明解答時，需要簡單明暸。
- 孩子要自己完成解題。
- 父母要幫忙算分（國中之後可以讓孩子自行計分，但還是盡量以父母為主）。

　　沒有去過補習班的孩童，聽著補習班老師講解概念時，都覺得很淺顯易懂，答題時也能跟著老師在黑板上的說明步驟來解題，因此認為解題非常簡單。有一種以前不懂的數學概念，現在突然豁然開朗，於是帶著愉悅的心情回家。

　　但是，幾天後請孩子重複一次老師說明的概念時，他們幾乎都無法說清楚講明白，再加上補習班是每週兩到三次的課程，且每一次去都有新進度，如果要將補習班學到的內容統統放入腦中，就需要花兩倍以上的在家裡複習，但幾乎沒有人能夠做得到。

　　如今世界發展快速，許多事情縱使變得越來越方便，然而學習數學的方法依舊如故，還是傳統的方式最為正確。

　　在紙上寫下概念，反覆閱讀並理解其原理，接著寫例題、相似題型。寫下概念的瞬間，原先模糊不清的概念，便可以於解題時在腦海中留下印象。

　　這樣基本的訓練過程本應在校內完成，回家後，依據學校的課本進度進行複習，但近來孩子都不預習、複習。

　　不過，基本功還是很重要，最具代表的念書方法仍

然是在新學期開始前的那個寒暑假，先寫完下學期的基本書與應用書，開學後再複習，並同時進行進階學習。

　　一年後，自然就會開始預習下一個學期的課程。如此一來，預習就會從一學期變成一學年，又會從一學年躍升為兩學年。

　　若是從三年級開始規律的執行，在進入國中前，就會領先約兩年的進度。其實重點不在於超前，而是循規蹈矩的讀書，進度自然就會往前推進，這才是最理想的情況。

　　一旦在家養成學習的慣例，就能擁有自主學習能力，必然也會知道自己的不足之處，這時便需要借助補習班的力量來補足（關於寫評量的順序與補習班相關問題，將會在第 2 章與第 3 章中仔細說明）。

3 爸媽不用逼的 高效陪讀法

在當今時代，數學好的孩子應該是比父母一代的自制力更高。如果爸媽出生在當今世代，真的能在青春期階段忍住手機的誘惑嗎？這確實很難，但為了學好這科目，必須忍住不被更簡便、更刺激、更快速的事物吸引，故而只有憨厚、一無所知的孩子數學才會好。然而，每個小孩的個性都不同，我們在家要怎麼協助他們讀書呢？

▋ 創造出能好好念書的環境

我們需要創造一個和緩、刺激少的家庭氛圍，但父母往往都覺得這樣做很麻煩。與其做一個買玩具給孩子玩的家長，還不如陪著孩子一同成長、玩耍，唸書給他們聽、聽他們說話，這其實一點都不難。

不過，在我全心全意養育三個孩子的過程中，我察覺到：「沒有一件事情是易如反掌的。」一旦學習「歪樓」了，就必須花兩、三倍的力量才能導正，所以請不要想著怎麼簡單學數學。在名為數學這座高聳入雲的山峰面前，不要認為有捷徑可行，而是應該要思考如何有效率的每天往上爬一點，雖然一定會很累、很辛苦，但我們也都明白「一分耕耘、一分收穫」的道理。

一邊看著本書，一邊煩惱著兒女學習問題的父母，應該早就知道這一點，因此即便很麻煩、很煎熬，也要讓孩子的每一天都過得相當充實。

▎計分是重要的學習關鍵

如果可以，至少在國小階段，乃至於國中時期的數學評量都由父母來計分。事實上，修正錯誤比寫題目更加重要，這也是孩童覺得最痛苦的時間，因為辛辛苦苦寫好題目，在改分數時卻發現錯了一半以上，而這對爸媽而言，也將會是辛苦的一天。

算完分後，父母要在旁邊與子女一起檢討寫錯的題目，如果是單純的計算錯誤，那就再算一次；如果計

算題錯太多，就要增加運算教材的比重；真的太難的題目就標示星號，然後安撫孩子，請他們再重寫一遍。

這一刻才真正是學數學的時刻，也是小孩最花費腦力的時間，因為**這一回要重新做一次之前的錯題，同時也要再次思索標上星號的題目。**

接著，就是第二次計分。原本失誤寫錯的題目，如果再重寫一次後答對的話，就改標成三角形；如果小孩有再次思考標上星號的題目的話，就要予以稱讚，如果孩子正思考著尚未完成的題目，大人們就要在旁邊默默等待。

第二次做錯的題目，必須再重新寫一次，在此過程中，**尤其是低年級的學童，父母必須適度強調仔細看題目的重要性，因為這個年紀只要能看好題目，就能夠寫對。而高年級的孩童，可以寫下題目的關鍵，家長們也可以透過唸三行解答給他們聽，盡量不要先看過、理解過後再說給他們聽。**

原因是子女無法集中精神聽父母說一長串的詳解，數學系畢業的我，也不會跟小孩講述「落落長」的數學概念或講述如何解題。

我一般都是給予提示，或是唸個三行解答，如果

聽了三行的解答後，還是無法找到解題方法，我會直接給孩子看解析，而不會直接解說給他們聽。若小孩看了答案卻依舊無法理解，則要請他們標示出了解到什麼程度，這也是一種學習。

以我的情況來說，當小孩看不懂解析時，我會解釋它的內容，但其實這對孩子來說成效不彰，因為這樣強記題型，即使之後整理錯題筆記，再次出錯的機率依然很高。

聽了三行的解答後獲得提示，看正確答案後理解不會的題目，並將已知的部分用文字寫下來加以分析，有時解析不會寫得非常詳細，因此必須集中精神做這件事。若養成只聽得懂某個人親切的解說，到了國中就無法依據正確答案自我計分、自主讀書。

完全不懂且標上星號的題目，可以於看過解答後，重新在練習本上解題一次，當然，在這之前需要有充分思量的時間。

計分後須針對錯題再次進行答題，到此就完成當天的學習進度，而寫完一本評量後，整理出標示星號的題目，這就是錯題筆記（錯題與一錯再錯題的部分會在第 3 章詳細說明）。

解題→第一次計分→再寫一次寫錯的題目、標記為星號的題目→第二次計分→錯題筆記

必須反覆執行上述的過程,單就文字描述的步驟看來似乎並不難,但嘗試過的父母就會知道,當算完分數後,小孩臉上的表情真的只會有煩悶與不開心,任一個孩子的反應都大同小異。

這時要適時安撫孩童的情緒,告訴他們在做完今天的進度後可以做什麼,或是拿出這幾天寫好的評量予以稱讚,只要撐過去就能完成這本參考書。

眼前的子女是我們每晚餵奶、餵副食品,從小拉拔長大的人,看著他們從蹣跚學步開始,到今天努力念書的樣子,也只有在這一個時刻,身為大人的我們,可以感受到孩子跟我們依然是如此的靠近。

但若小孩耍賴、鬧脾氣,就必須展現出堅決的模樣,明明30分鐘內就能完成的解題進度,時而會在爸媽的教訓之下拉長為兩小時。

我也曾經因為子女數度算錯同一道題目,而不高興;也因為孩子在書桌前鬧脾氣說不要寫評量,而處罰過他們,我甚至覺得自己的小孩沒有「數學頭腦」,所

以才會看了解答還是不懂，內心感到相當難過。雖然不到生氣的地步，但如果小孩無理取鬧過了頭，我可能就會真的生氣，畢竟父母也是人。

責備孩子的那一天，所有家長應該都感到無比的後悔，畢竟大人也是跟著小孩一同成長。這世上除了父母之外，還有誰會陪伴自己的孩子，等待他們解出數學題目呢？當子女完成今天的進度，奔向爸媽懷抱的瞬間，我們的成就感應該比孩子大上兩、三倍不止，同時會覺得今天的他們真的很棒。

▊ 提示，給或不給都是問題

韓國有本書《數學學習──指導原理與方法》（暫譯）曾提及「黃玉效應」（Topaze effect）：「教師在『必須教導』的教學契約壓迫之下，會給予學生明確的提示、誘導詢問，或是在給題目時，會順道附上解答，但這其實會妨礙學童建構知識。」

學校難免會出現黃玉效應，畢竟每日都有既定的教學進度，且同一間教室裡有已熟知今日課程的學生，也有完全搞不清楚狀況的學生，不太可能無限制的等待

還不熟悉的學童。而在家學數學最大的優點就是，不會有同學在旁邊開玩笑：「我早就會這題了。」也沒有時間限制，需要的只有大人們的耐心。

有一間知名數學補習班從首爾江南的大峙洞[2]發跡，目前遍布全國，該補習班的班主任曾在說明會中提及：「在孩子解題時，給提示會中斷他們的思考，當小孩努力思索如何破題時，給提示並不會給予他們一絲幫助，而是剝奪學習的機會。」這話說得沒錯，且這間補習班的授課方式就與黃玉效應完全相反，是讓孩子自行尋找答案。

可是，雖然有孩子因上述方式而成長茁壯，但不可能全部孩童都是如此。在小孩漸漸長大，逐漸缺乏學習動機的情況下，遇到困難的題目容易感到挫折。

而且，對於學習動機低落的孩子來說，完全不給提示的教學，可能會讓他們厭惡數學，進而放棄數學。

輕易給出提示，就無法培養子女的思考能力，但若是不給，又會讓孩子相當難過，究竟該如何抉擇才好呢？

我的大女兒在六年級時，已經學到國中的進度，

---

2 是韓國最具代表性的升學補習街，相當於臺灣的南陽街，會因應考試內容的變化，提供各種補習服務，同時也是家長們經常掛在嘴邊的重點比較對象。

因為她已經有了目標，所以在國中入學前就開始埋頭認真念書，當我想給予一點提示時，她會說：「我快要解出來了，媽媽先等一下。」就我的印象而言，一年前，也就是五年級的她，並沒有說過這樣的話。

讀書的主導權，一定要在孩子身上。

還沒有動力念數學的學生，需要爸媽從旁協助，給點提示也沒關係。如果真的還是不懂，可以唸三行解析給孩子聽，用最具效率的方式寫評量、評分、再寫一次錯題，總有一天可以看到他們的成長。

我家大女兒直到六年級時，才會說「媽媽先等一下」，還是二、三年級的小兒子就更不用說了，只要我的解說略長，他就會開始裝傻，並露出「所以正確答案是什麼」的表情。

不過，只要他願意坐在我身邊，好好的寫講義、訂正，便足以讓我感動萬分。因此，當我給了提示，又唸了三行解答之後，就算是完成今天的進度。

寫完一本參考書，開始做錯題筆記時，只要能做到親自算出兩、三道題目就夠了，如此一來便可說是充分理解這份評量的內容。希望小兒子在六年級時，也能跟我說：「媽媽等一下，我可以自己解題。」

▌ 給提示的基準

• 學齡前～國小二年級

從學齡前到國小二年級的學生，必須以運算教材為主，並循序漸進的書寫，這一時期寫不寫數學課程評量，都不會影響成績或實力。

我建議可以從二年級的暑假開始寫參考書，這時候寫錯答案的原因往往是因為沒看懂、大致看懂、亂猜等，而不是由於問題本身很難所致，**故而不要求孩子思考為什麼會寫錯，而是要請他們慢慢的、仔細的再看一次題目，這樣就能找出父母話中的提示。**

在寫邏輯思考教材時，即使做錯很多也沒關係，就是錯了才會思索解題的過程中，哪邊出現狀況。小孩若在低年級階段做過各種圖形的應用題，也會學習到在解題時能用較長的文字說明及圖形加以闡述，到了三年級寫敘述比較長的題目時就會展現出差異。

• 國小三年級到六年級

三年級到六年級的學童，某些程度上，已經出現了不同的數學成績分布。

　　前段班：前段班的孩子需要遠離黃玉效應，並給他們獨自思考的時間。不要因為這個時期的孩子表現很棒，便開心的送他們去上課程滿滿的補習班，這樣會使小孩失去獨立思考能力。爸媽要試著培養子女享受解題、找出正確答案的過程，以及繼續做下一題的快感。若解題時遇上麻煩，不要馬上看答案，而是再次查找概念，並找出寫過的相似題型，如果某一單元錯誤率太高，就得再寫一次題庫書。

　　中段班：若子女的成績處於中間程度，必須以在國小階段爬上前段班為目標。如同前述提及的方式，**做錯的題目再做一次，然後思考標上星號的錯題，並給孩子看三行答案**（參見第61～62頁）。另外，寫完一本參考書後，一定要重做一次這本書中的錯題，這大約要花一週，而觀看三行解析的意義，是為了讓孩童重新思索，進而理解題目，這會比父母在沒有理解解答的情況下，硬著頭皮說明還來得有用。

　　後段班：請不要跟孩子說：「從你的程度／成績來看，只能被分到放牛班。」畢竟他們只是國小學生還沒開始學數學而已。當家長們認為子女的程度處於這一範圍時，可以參考第20頁的「不同階段的參考書用法」，

選擇適合他們的參考書。通常學校課本與相關數學教材都不會有太大的問題，只是孩童一開始寫評量時，父母必須陪伴在側──不論是邊哭邊寫、邊接收提示邊寫、和父母一起寫，直到寫完一本基礎書為止，請不要任意為子女們貼上任何標籤。

● 國中

孩子到了國中，逐漸產生念書的主導權，加之青春期會與他人比較，很容易出現負面情緒，因此需要能將此情緒轉化成為讀書的動力。

同時，大腦在這一時期雖然知道必須用功學習，但身體與心理卻無法跟上腳步，這時大人們一定要持續與小孩對話，跟他們分享明知該認真讀書卻做不到的情況，畢竟身為父母的我們也曾有過這樣的經歷，可以與子女們共享當時的心情。

前段班：前段班的孩子在超前到高中階段的同時，也必須做現行進度的進階評量。從國中超前的概念書到題庫書，會出現許多選擇題題型，但不能被題庫書的正確率誤導。

當然，想要理解國中數學概念，就必須多寫一些題目，不過不用像國小那樣人人都必須寫進階評量，只要選出一本具代表性的題庫書，仔細、認真解題即可。

但是若想從前段班進步到第一名，國中進階評量中會收錄較多的非選擇題，做的過程中可以自己發現稍嫌不足的部分，也可以嘗試將錯題率與一錯再錯題率分別調整到 10％、20％，再解題。

中段班：成績在這區間的學生，只要配合學校進度學習都不會為時過晚，也要記得完成錯題與一錯再錯題的筆記。

即使參考書上的題目難度頗高，只要不害怕寫錯，且在做錯時重新解題，這樣名次就能從中段班躍升到前段班。

無須羨慕成績好的同學已經超前到高中數學的進度，只要不去數學補習班，就會有很多自己的時間，不論青春期會發生多少事，三年內必定能寫完 6 本評量。

另外，也可以選擇不同種類的評量，但每學期要徹底寫完兩本題庫書，並整理好錯題筆記。

後段班：後段班的學生在寫完課本上的所有題目後，可以接著寫概念書。家長們須把目標設定低一點，

不要打擊孩子的信心，以完成這目標為主，這樣一來就可以逐漸進入中段班了。

以下是在家學習數學的原則：

1. 每天寫題目。

2. 選擇適合孩童程度的參考書。

3. 低學年的學童以運算、邏輯思考的講義為主，三年級開始選好運算、課程評量，並每天規律的寫兩章。

4. 父母親要幫忙計分，並要求小孩再寫一次錯題；第二次算分後，若還是有不懂的題目，則需要給孩子理解、思考的時間。

5. 爸媽在給予孩子提示時，不要直接說明概念，而是念出解答上的三行內容，讓他們可以類推出答案。

每一個小孩都會有所成長，只要記住上述這些原則，在家跟父母一邊讀書，一邊調整學習進度，就能期待孩子們能夠更上一層樓。

〈數學自信心〉
孩子念書時，父母在旁做什麼？

　　孩童在念書時，大人們可以做什麼？育兒相關書籍常見的建議是，最好的選擇是與小孩一起讀書。

　　我曾買過一本高中數學評量，或是覺得自己英文文法不太好而打開大女兒的英語教材，但學習成效都不太好，因為沒有人可以幫忙檢查，再加上手機在手很容易使我分心。

　　如果在客廳使用通訊軟體，孩子突然走出房門，又會覺得很不好意思。這時，我才真正明白，小孩願意做今日進度的態度，真是一件非常了不起的事。

　　當我煩惱著自己該在兒女念書的時候做什麼時，我突然想到我可以利用這30分鐘做不同的事。我喜歡看小說，所以我加入了網路媽媽社團的閱讀聚會，也意外發現這一類的聚會其實還不少。

　　我投資了兩萬韓元（按：本書韓元兌新臺幣之匯率，依臺灣銀行2023年4月20日公告均價0.0252元計算，約新臺幣504元），第一次買下世界史、美術史、

人文學等如同磚塊般的厚重書籍。買了書就會產生責任感，心境也不同於以往，一般讀書聚會都會訂出每日的閱讀分量，寫下一、兩行短篇隨筆的心得，或是在群組聊天室中進行交流，毋須花費太多時間。

開始看書之後，身為媽媽的我產生的最大變化就是開始感謝子女的學習時間：「媽媽我今天要看到30頁，你看這字小小的對吧？內容也不簡單，但我要試著讀讀看。你在寫評量的同時，我也在看書，我們一起幫對方加油吧！」

將監視孩子不分心的時間轉化為學習的時間，而媽媽專心看書、寫筆記、貼便利貼的行為，會讓小孩覺得很神奇；當孩子完成當天進度後，也會半開玩笑的嘲笑媽媽說怎麼還沒完成，可謂是雙贏的情況。

當然，不一定要參加閱讀聚會，寫作、投資不動產、玩股票、閱讀英文書、背誦英文會話句型、讀《聖經》、編織等，網路上有各式各樣不同的聚會，還有其他相關小團體可以參加，這應該也算是新冠肺炎疫情時代所帶來的變化。

如果你找不到適當的聚會，也可以上網發文找尋志同道合的朋友，我想一定會有許多人留言響應。事實

上，我們都擁有想要有所成長的本能。

　　當子女看到媽媽在書桌前拿著筆認真挑戰的樣子，他們就會想：「原來媽媽也有需要達成的進度、也會有人監督媽媽。」這也能提供孩子一定程度的學習動機，讓他們不會討厭媽媽對自己的要求，爸爸如果也能一起挑戰會更好，請試著成為與子女一同成長的父母。

第 2 章

自信的基礎，
從學齡前到低年級

1 不識字的孩子，怎麼學？

「我家的尿布源源不絕的出現。」這句話是指在我們家大女兒戒尿布之前，二女兒接著出生，又在二女兒戒尿布之前，小兒子又接續著出生，陽臺總是堆滿S到XXL尺寸的尿布紙箱。說真的，我還真不知道那時是如何做到每日三餐、維持正常作息的，現在想來都覺得渾身起雞皮疙瘩。

近來，我每每看到推嬰兒車去書店買書的年輕媽媽，心裡想著即使剛出生的寶寶很可愛，但我再也沒有勇氣能回到那個襁褓時期。不過才一眨眼的功夫，大女兒先是上了幼稚園，二女兒也到了即將去幼兒園的年紀。有時，我會揹著小兒子與社區的育兒同伴們閒話家常，自然而然就會提到教育的問題。

我家的三個孩子都不是小小年紀就能讀懂國字或英文的天才，他們是不怎麼喜歡吃飯、成天就想去外面

玩。他們不愛自主讀書，只喜歡我唸書給他們聽，直到7歲為止才有辦法獨立看書。

　　跟別人家不同的是，我會跟子女約法三章每週可以看電視的時間，當我真的疲憊不堪時，一週大概會給他們看兩、三次電視，每次的觀看時間大約30分鐘左右，且禁止孩子們使用智慧型手機或平板電腦。養育三個孩子雖然很辛苦，但只要能做到一點，就會很想讚美自己。

▋ 用玩遊戲的心情寫一頁講義

　　《英才誕生》[3]系列是翻譯自美國的幼童學習教材，與其說它一本是數學參考書，倒不如說它是一本以日常生活的情境為主題，從動植物、時間、長度、韓文字母、數字、禮節等學齡前孩童需要知道的各種常識性教材。內文不但簡單明瞭，書中也以年齡層區分，從小孩滿3歲時便可以開始閱讀。因為書中的每一頁都能

3　翻譯自美國Sterling Publishing公司的FLASH KIDS編輯組的學齡前教育教材，有針對韓國國情進行修訂，請參考下列網址：http://www.yes24.com/Product/Goods/12222857。

撕下來，因此，孩子們每天都會感受到成就感與完成的
樂趣。

　　這本書的內容除了有童話之外，還有能用色鉛筆
上色來學習的部分。我家子女覺得五顏六色的紙張最神
奇，他們會跟著書中的引導寫上數字、塗滿顏色，把相
關的東西連成線後，就做完了一頁。

　　因為小朋友還看不懂字，所以是由我導讀題目給
他們聽，當我們協力完成一頁後，孩子們還會纏著我
說：「我還要再寫一頁！再做一頁就好啦！」我為了要
阻止他們一頁又一頁的寫下去，耗費了不少心力。

　　**學齡前，比起父母直接唸童話故事書給子女聽，
最好是能以簡單、有趣的書籍，引起孩童們自主閱讀的
興趣。**

　　大女兒5歲上幼稚園時，我觀察到周遭的家長們幾
乎都是用學齡前的學習教材來教導他們的兒女，也有很
多孩童已經開始使用語文或數學講義。

　　不過才7、8年的時光，現如今已是書籍、教具
「成套出擊」的時代，而我多半都是接收人家的二手書
籍，或是購買單冊的童話故事書，且每一本書都會唸很
多次給孩子聽。送小孩去上幼稚園後，我開始與其他媽

媽們交流，並分享教育相關資訊。我記得我當時還曾因為不知道「phonics」（自然發音）是什麼意思，而羞愧的詢問過鄰居媽媽。

現在回想當初的自己，或許還沒有確立教育信念，但明確的知道自己不想依賴補習班，也知曉自己想閱讀許多書給孩子們聽。

我現在去逛超市或書店，都能看到許多適合6、7歲孩童的學習教材，且童話書的種類、數量也似乎比以前多了很多。

我在大女兒學齡前的階段，因忙著照顧另外兩個年幼的孩子，所以常常很晚才得知這些資訊，在準備書籍或是教材上沒有那麼完備。不過，等到二女兒、小兒子進入學齡前時，因為有歷經過養育大女兒的經驗，故而能比其他人更快取得訊息。

然而，對於家裡既有的教材或書籍，三個小孩的喜好程度也各不相同。因為三個孩子的風格迥異，有人喜歡新書，也有人喜歡反覆閱讀同一本書；有人喜歡塗色，也有人討厭塗色。身為媽媽的我，唯一該做的事就是讓子女與書本變得更加親近，這是在家學習的開端。

▋ 練習與書本培養感情

應該會有人問，學齡前的孩子應該不喜歡「在家學習」吧？答案是肯定的。我回想起當初在居家學習開始之際，孩子也才5、6歲左右，我沒有逼迫子女要在這個時期開始讀書，而是練習讓他們與書籍培養感情。**最重要的是，我們應該要讓孩子多接觸兒童讀物或相關教材，而不是影片。**

這一時期最重要的關鍵是，讓孩童意識到：「我與爸媽一起用書本玩某個遊戲」。

我這麼說並不是要讓大家窺視隔壁小孩寫了什麼教材，而是要關注自己與子女的關係。若你是重視英文環境的父母，可以選擇透過邊畫畫或邊玩遊戲來學英語。若你是想教孩子學習數字，可以邊玩邊畫1與2，總之這將是一個快樂的親子遊戲時間。

養過孩子的家長都知道，孩童到了學齡前會發展成各種不同的類型。有的小孩會開始學會認字、讀書；有的孩子上英語幼稚園後，會像母語人士一樣的發音、對話；另外，還有一些孩童會看英文書。

不過，大部分的平凡孩子在學齡前才開始對數字產

生興趣，7歲時才真正會認字、閱讀，但可能還不太能寫字。

　　順帶一提，跳跳繩需要的是大腦與身體的協調性，這對6歲孩子來說，並不是一件簡單的事。首先，大腦要先準備好接收腳要跳耀的訊號，然後傳送雙手甩動繩子一圈的訊息，這時腳跟手必須同時快速、規律且有節奏的做動作，由此可知6歲小朋友不會跳跳繩是理所當然的事。

　　然而，經過幾年間的練習，小孩的大腦和身體都已經長大，自然能跳好幾下跳繩，在熟悉訣竅後，跳跳繩的速度也會隨之變快，接下來就是屬於他們自身與耐力的競賽。

　　讀書也是如此，同樣是6歲的學童，有些人連色鉛筆都拿不太穩、有些人要花很長時間熟悉數字，但從學校教學課程看來，這都不算發展遲緩。大人可以與子女們一起預習，一邊等待孩子的大腦與身體發育，一邊找出他們的優點。

　　做著學齡前教材的小孩，就跟6歲開始跳繩的孩子一樣——一開始雖會歷經跳繩失敗的挫折，但8歲時若能跳個幾圈，那正是孩子的成功經驗。請持續為我們的

子女創造小小的成就，不論是 6 歲時練習畫線，還是加、減法算術等，速度快慢不重要，重點是完整寫完一本書。

目前市售有相當多針對學齡前孩童的教材，家長們可以選擇孩子喜歡的參考書，並一起完成。這時期的小孩若能透過玩遊戲的形式，來熟悉書本，將會成為他們回憶中的一部分。

高年級的家長們將小孩寫完一本評量稱為「完全征服」（其實我覺得這樣的用語，還不足以表達完成一本書的開心感受），因為買下一本參考書，直到寫到最後一頁為止，真的不是一件容易的事。

學齡前是利用遊戲學習，因此很容易完成一本教材，若子女常常做到完全征服，有些父母會擔心花很多錢買書，但這些開銷與昂貴的補習班費用相比，相信負擔沒那麼重。

到了國小三年級左右，要達成完全征服真的需要極大的耐心，這時大人們可以讓小孩看看他們小時候只花幾個月就完成的參考書，並稱讚他們有所成長且進步神速。

▌ 學習的起點，6 歲左右

市售的邏輯思考教材主要是針對 6 歲左右的孩童，如果爸媽唸完題目時，子女已準備好解題，就能開始著手做邏輯思考評量；若還沒有做好準備，也可以持續採用貼貼紙、畫圖、塗色等的遊戲來學習。

7 歲上小學之前，最好能先熟悉字母、加法與減法，坊間有許多相似的教材可以買來讓孩子先接觸。因為只要一開始寫講義，就要認真、循序漸進的做下去，所以可以先選擇簡單的評量。完成一本學齡前的參考書冊須花費太多時間，馬上就可以進到下一階段，若此時能完成一本評量，就能享受到學習的成就感。

許多數學參考書都有標示每日所需書寫的分量，父母可以依照孩子的程度，照著書本上的進度走，也可以一天完成一章就好，且各以一本運算、邏輯思考的教材為佳。

孩子一開始會很興奮，起初，都是 5 分鐘不到就做完了，也完全不用父母費心就能自行完成 10 頁的講義。但是，必須讓小孩信守與我們的約定，因為可能過了兩個月左右，小朋友就會開始出現寫錯的情況，甚至漸漸

會覺得厭煩。

　　一開始拿到教材時的興奮感逐漸消失，以至於感到枯燥乏味，且因為怕會寫錯，便會興起不想做題目的念頭。如果孩子覺得累，家長可以**訂定每週學習日，或是減少書寫量，但不能完全放棄不做**，一旦開始了就要一步步走到完全征服為止。

　　父母親們可以安撫兒女做完今天的進度，並讓他們感受到完成的成就感，或許這就是在家學習的「好的開始也是成功的一半」。

▌稱讚、成長，成就的力量

　　7歲階段如果每天寫兩本參考書的各兩章，一年便能完成非常多的運算與邏輯思考評量，看似每天寫薄薄的一頁，不僅累積的分量相當可觀，養成的習慣也不是他人能輕易跟得上的。

　　有人會好奇：「在家學習要做到什麼時候？」其實要看每個家庭的情況，但我認為每個家庭都一定要嘗試在家學習。對我來說，爸爸、媽媽陪著子女開心的玩耍，然後說出：「現在該是念書的時候了，要打聽一下

補習班。」這與說出：「我家孩子的開心、幸福、挫折、失敗、挑戰與我無關。」是一樣的。

當小孩開始寫一本評量時，父母必須準備一隻簽字筆，在書封寫下開始的日期。當孩子還小時，可能需要花費一個月左右寫完教材，隨著年紀越來越大，就越可能出現超過六個月才能完成一本評量。

每當孩童征服一本講義時，請一定要記得好好讚許他們，並告訴他們就連大人都可能做不到每天規律完成約定的學習分量，這是值得稱讚的成就。

我家小孩在學齡前，只要完成一本運算參考書，我就會打電話召集親友，舉辦披薩派對、炸雞派對等，在大家都在場的聚會中，說出今天○○完全征服了○○教材，請大家為他拍手祝賀。

事實上，一句讚美的話語，會帶給孩子很大的成長力量，也是促使他們有動力能持續寫參考書，此過程更是我們家重要的家庭文化之一。每個人做完自己該做的事，健康、快樂的共度時光，正是每一天生活的能量。

2 從加、減開始的運算重點

　　我家大女兒剛成為國小生的第一年，對於我或她而言，都是一段很辛苦的歲月。這個年代的小孩都是將課本放在學校，等到老師有出作業的那天才會把書帶回家。大女兒國小一年級時，總是將數學習作放在學校，不知道被我罵了多少次。

　　現在想想，讓這麼小的小孩背著大書包獨自上下學，其實只要她能安全回家不受傷，就已經是件很了不起的事了。

　　大女兒喜歡文字，所以喜歡閱讀，但對於周圍情境的觀察能力不足，經常讓我感到鬱悶。不過，二女兒卻讓我覺得她很厲害，她很會看眼色、很會照顧身邊的人，這讓我理解到，有些事情不用我教、不用我罵，小孩與生俱來就擁有這樣的能力。

　　我很感謝二女兒擁有這樣的優點，但又會因為她

不如姊姊愛看書而擔心，難免會多嘮叨幾句，真的是
「又要馬兒好，又要馬兒不吃草」。

　　然後身為老么的小兒子，又讓我踏入另一個未知
的世界。他對世間萬物都感到好奇，到處都覺得很有
趣、很好玩，但缺點就是不喜歡讀書，完全沒有模範生
的基因，更不會為了獲得媽媽與老師的稱讚而念書。

　　於是，養育三個孩子的我學會放下各種擔心、學
會等待，同時也再度佩服起我的兩個女兒，她們與身為
媽媽的我一同成長。

▌小學適應記

　　進入國小後，學校就會依據既定的規範給予孩子
評價。目前，雖然已逐漸轉變成尊重個人多元化的規則
與評比方式，但不可能完全廢除準則與評分形式。總有
學生為了獲得好評價，而認真、努力的遵守規範，因此
我們必須認同這些勤奮的學子。

● 遵循小小的規範而發展

　　進入學校教育體系後，在家的學習也不能就此荒

廢，爸媽在家中若事先有所準備，會讓孩子的身心自然而然跟上學校的規範。**即使每個家庭的目標都不同，最好是希望能在家裡建立小小的規則，並塑造出必須遵守此規定的家庭氛圍。**

每個孩子都有自己的性格，根據個性的不同，有的父母難以掌控子女的行為跟想法。從我的經驗來看，重點是先試著接受並認可孩子的性情，雖有在學齡前就完全掌握的情況，但有時也需要配合小孩的成長腳步，理解並認同他們。爸媽可以將兒女的優點培養成特長，同時也需不斷改正其缺點，這是家庭的責任、父母該做的事。

學數學亦是如此，有人學習能力強、有人能力不足，所以我不會隨意提供「何時要寫哪一種評量」的建議。只要爸媽和子女約定好「每天寫兩本講義的各兩章」，不僅能增加孩子的實力，也能掌握他們的個性。

假設小孩跟朋友們踢足球時，因為守備失誤而被對方進球，隊友們肯定會投以哀怨的眼神，這時父母多少會心疼起自家子女，但我們知道這是孩子必經的成長過程，只要好好安撫他們，讓他們願意再次回到球場上面對朋友們即可。

　　數學也是這樣，這是一個培養坐在書桌前學習的進程，過程中可能會因為寫錯而失落，也會產生不想繼續寫評量的心態，但不能就此放棄，若孩童能從每一回的挫折中站起來，就會有所成長。

　　雖然學校方面也會以孩子的努力為依據來打分數，但依然是以「在答案卷上選擇正確答案」的方式為主，因為客觀評價學生理解了什麼、懂了多少——正是「解題」。

　　當子女寫完一本評量最後一章的那天，也是家長們感到開心的日子，而孩子在訂正錯題的過程中，數學實力也會隨之提升，因此直到這一天到來為止，希望大人們能營造出遵守每天規律寫題目的家庭氛圍。

● 我們家使用的數學教材

　　以下整理出我家孩子從 7 歲開始到國小二年級為止的學習進度，三個小孩的情況略有不同。

　　從大方向看來，三個小孩從 7 歲到小二都用心寫了運算教材與邏輯思考教材，等到開始做課程評量時，就會遭遇許多挫折，會覺得數學很難、不想繼續做了，多數孩子都是如此，但只要跨過這道坎，便不會產生先入

為主的偏見。

大女兒從二年級的暑假起去邏輯思考補習班，由於補習班添加了趣味的學習要素，因此促發她開始喜歡上數學。

二女兒則是由於在家裡規律寫教材的緣故，經常感受到成就感，因為成就感而產生的快樂，讓她擁有「我數學很好」的正向循環，且可以持續往上躍進。

小兒子則是寫有調整過難易度的教材，因為他無法自主產生學習動機，故而將目標設定為每天完成該做的進度。縱使他有時會耍賴不想寫，但若能持續累積一天兩章的分量，一定會有美好的成果。

每天至少要寫兩章以上的運算評量或課程參考書，且應以應用書或基礎書為主來學習。父母可以讓步，在孩子喊累時減他們的學習分量，這樣一來，總有一天便能品嘗到勝利的喜悅。

我並沒有因小兒子放棄做進階書，轉而改寫應用書而放棄他，也沒有斬釘截鐵的跟他說：「你的程度就是無法寫進階書。」

在我教育兩個女兒的過程中，我學到了孩子的大腦會隨著發育而成長，而她們有自己的想法，雖然會很

累，但還是要耐心等待。我也曾經想過，若我生第四個孩子，一定會用教大女兒的方式教導他，到國小二年級為止，也會先讓他專心寫運算與邏輯思考評量，絕對不會那麼快就讓他寫課程參考書。

就這樣，我摸清了三個孩子的個性，說真的，若沒有走過這一遭，我也不會知道這些事。若子女覺得教材很難，可以更換，只要持續遵守書寫的分量，如此一來，在家學習就能持續前進。本書也不斷反覆強調，先讓孩童寫寫看，這樣才能確認應該使用何種講義。

▍準備運算與邏輯思考兩本教材

前述我們介紹了學齡前的數學學習法（參見第78頁），這一階段可以準備讓子女們嘗試寫評量，也可以等到他們進入國小時再開始。

小一、小二數學的重點是運算，事實上，到四年級為止，四則運算依舊是重點中的重點，加法與減法必須練習到爐火純青，同時還要背誦九九乘法表。而背九九乘法表時，必須使孩童理解乘法的原理。緊接著下一階段的核心，是讓孩子親近數學教材，並讓他們知道

這世界有許多不同的題型。

　　要滿足這兩個條件，就是寫運算與邏輯思考參考書的題目：

　　•**運算評量**：收錄各種類型的問題，不過這時期我不建議一年寫完一、兩本運算教材，因為運算必須持續的做下去。就算理解乘法原理，但如果沒有反覆練習寫題目，很快就會忘記，且無法熟悉題型。**算數最重要的一點，就是不想做也得做，每一天都要堅持寫個一、兩章才行。**

　　•**邏輯思考評量**：孩子必須理解數學的多樣性。數學不是只有加法、減法這種簡單題型，還有拼圖、對稱圖形、找尋圖案、找尋規則、積木、魔術方塊等，通通都是與數學有關的題目。

　　第一次接觸邏輯思考教材時，連父母都會覺得很難，我也是在小孩書寫的過程中，重新理解循環賽、淘汰賽相關的題型，畢竟我平時也不關心運動賽事，故而對於這類常識相對不熟悉，通常只要不常接觸，就會覺得生疏。

　　以 7 歲到國小二年級為對象所編的邏輯思考數學教材，雖然與學校的課本進度無關，但與我們日常生活中常用的概念息息相關，所以是不錯的參考書。

　　如果孩子做了邏輯思考講義後覺得很難，建議可以降低一個程度重新開始，父母親們不要覺得寫錯是什麼天塌下的大事，也不需要因為正確率低而擔心。

　　邏輯思考教材與運算參考書不同，目的是要孩童理解各種題型，也並非一定要寫完整本書。與其因為難而放棄，倒不如降低一個層次，要讓小孩們覺得有趣、有成就感才是重點，這樣也會使他們帶著輕鬆的心情開始，進而理解數學的各種樣貌，並規律解題。

　　在家學習的基本是誠實與勤勉，換言之，這是大人們先以身作則、樹立榜樣，讓小孩知道接下來該怎麼做，因此家長不動搖的態度相當重要。

　　子女是看著父母、仿效著父母長大的，當孩子喊累時，爸媽要成為他的支柱，疲累時要為其加油打氣。當他忘了寫數學就去玩時，要提醒他要完成今天的進度。這一時期家長若能塑造讀書的氛圍、規定一天該做的事，小孩們自然而然就會依照規矩做下去。

▍不足之處以閱讀填補

　　大家都了解閱讀的重要性，子女在享受閱讀的同時，不但可以提高閱讀理解能力，也能有效降低抗拒小短文的可能性。

　　多看書能提升閱讀速度，同時還能增加知識，但也不是說無法享受閱讀就會影響到數學成績。閱讀的本身雖有意義，卻無法保障成績高低好壞，即使是醫生、檢察官等高學業、高成就的人，一定也有人在幼年時期無法好好讀書。

　　單看我家三個小孩就知道，有的享受於閱讀、有的則是要看內容本身有趣與否，一旦覺得無趣就會闔上書本，但就他們的數學成績看來，三人擁有相似的成就感，這應該就是規律寫數學教材的成果。

　　以長期而言，我們的目標是在高中的選擇題中脫穎而出，取得好的在校成績、考好大學入學考試，所以要會解申論題、統整概念並說出自己的主張、寫日記及遊記等。

　　但是，不可能所有人都數學好、會寫文章，又能組織出自己想說的話，畢竟每個人天生的能力都不同。

人雖然不可能什麼都會，但自身不足之處可以藉由閱讀來填補，也許還有其他方法，然而這是最簡單、最便利的方法。

當我確認三個孩子喜歡的書籍類型後，每週都會前往圖書館借書。大女兒喜歡《哈利波特》（*Harry Potter*）一類的奇幻書籍、二女兒喜歡韓國飛龍沼出版社的編號「1013」系列創作性圖書，小兒子則是喜歡科學類書籍。

我會讓小孩看各年級推薦圖書，以及可以引導他們興趣的書籍。學齡前必須閱讀自然觀察、創作、品行等書，可惜我在養育大女兒時，完全不知道這些資訊，在她進國小之前，我只想著「要讓她讀過一次偉人傳記與傳統童話」，並沒有為其制定明確的讀書計畫。

相反的，當時的我為了育兒而忙得不可開交，幾乎沒花錢買過書，不過走過育兒黑暗期，當孩子們到了國小階段時，我會讓他們的身旁隨時都有一本書，但絕不是學習型漫畫，不論書中的文字字數多寡，皆致力於養成閱讀的好習慣。

與其在小孩幼稚園階段購買高價的叢書，倒不如在他們小學後，使他們看更多的書。近年來，圖書館都

會推薦許多低年級、中年級、高年級的優質圖書，學校圖書館與各縣市圖書館也都相當積極推動相關活動。

創造閱讀的條件、搭配孩子的喜好，讓他們隨時有書可看，這是在家學習可以持續向前的重要關鍵。

▌勤做評量比什麼都更重要

第一次聽到「數學童話故事」時，我非常訝異，數學概念居然可以用講故事的方式說明。看童話書的孩童年紀多半不到10歲，我真的非常好奇究竟會以什麼樣的內容呈現。

在我看完著名的《數學童話故事全集》與單冊的《數學童話故事》後，發現「數的概念」非常重要。例如：猴子有香蕉，一個、兩個、三個；麻雀有種子，四個、五個、六個，此外，還有多／少、快／慢、高／低等的概念。

雖然數學故事書在單純介紹原理的部分很棒，但在加入四則運算後，故事就會變得有點鬆散。既無法使人在腦中計算，也沒有練習本可以寫，撇除數字之外，就只剩下故事。

若能透過故事書學習較深的數學概念將是一大利多，但可惜的是，童話中並不會寫到日常生活中可以學以致用的內容，因為倘若這樣呈現，故事就會變得枯燥乏味。我家孩子在看數學童話故事時，如果故事的本身有趣，就會看很多遍，但若了無趣味就再也不看。

閱讀數學童話，無法有效觸發小孩對數學產生興趣，抑或是有辦法寫原本不會的題目。讀故事書固然好，但刻意插入數學概念反而會影響整體故事情節。

我認為，應該讓閱讀回歸本質，讓孩子從日常生活中自然然而的學習概念即可，因為習得解題的要領就是勤做評量。

當我得知智慧型桌遊（桌上遊戲的簡稱）課程「ORDA」（http://www.orda.co.kr/）是以團體課程進行時，想著這正是我家二女兒所需的課程。二女兒一直都很喜歡桌遊，只是礙於小兒子的年紀還太小，還無法和她一起玩。

這是兼具專業性與教育性的桌遊課程，會在老師的指導下，以四人為一組的方式進行。特別是，二女兒具有強烈好勝心，所以上課時會非常專心的聽老師講解，用心學習策略，但同組的隊友中，有人對輸贏的壓

力很大。

聽到老師的教學回饋後，讓我感受到補習對於不同風格的孩子而言，也可能產生負面效果。原本只是單純想讓二女兒上桌遊課，但六個月過後，該堂課就會漸漸趨向於邏輯思考數學，也就是以學習為主的課程。

隨著桌遊時間的減少，二女兒便開始覺得有壓力，一起上課的同學們也因為搬家、進度落差、上課氛圍等原因而退出。

不過，ORDA課程也讓我明確的知道二女兒的個性，我可以為她訂定較高的目標、稍微跟周遭朋友做點比較，並適度給予她一些刺激。

相較之下，大女兒很不喜歡人們對她有所期待，也很討厭有人拿她與周邊的人相比。如果你的小孩是獨生子女，那麼你可以透過團體課程確認他的個性，畢竟孩子跟父母在一起學習時的表現，與跟朋友在一起的表現會不大一樣。

然而，從學數學的角度來看，二女兒雖然上了一年多ORDA課程，數學能力與以前相比並沒有太大的差異，反而是需要透過做了哪些評量、如何做這些參考書來衡量實力。

　　父母因子女到了高年級而去補習班諮詢時，一定會被問及小孩到目前為止做過哪些教材，家長們就算不回答這個提問，也能透過孩子們在家寫數學參考書的過程中，得知他們的個性。

　　家家戶戶一定都曾出現因孩子嫌麻煩、討厭、不想寫講義而生氣的場景，因此，相較於上述的負面情緒，大人們應該更重視小孩寫完一本參考書時的成就感、選擇下一階段評量時的個人目標設定，以及答出錯題時的豁然開朗等。

　　下一節我將提及有關孩童寫評量的速度與風格。

▎不同性向的學習法

● 根據速度

　　一題一題認真寫，但解題速度慢的孩子：這樣的孩子雖然很認真，卻容易陷入苦思。寫數學題目時，會先拿起鉛筆，可一定會在腦中思考到最後才願意下筆，腦海中也時常冒出其他想法。這類型的小孩對自己很嚴格，千萬不要拿他人來跟他做比較，或過度干涉他們的

思維。

　　碼表：準備一個大碼表，以一頁運算評量、兩題邏輯思考教材為一個單位，設定三分鐘一到就會響。不過，對低年級的孩子來說，三分鐘的沙漏會更具效果。

　　經常計分：原本是做完今日進度後再行算分，但通常寫一章都需要花30分鐘左右，所以要增加打分數的次數，可以在寫完一章、或一頁時確認一次成績。

　　一題一題認真寫，且解題速度快的孩子：這是最理想的狀態，這類型的小孩不僅可以超前進度，甚至寫進階題型都沒問題。所有低學年的孩子都會出現許多小失誤，錯個一、兩題很正常，隨著年齡增長就會改善。

　　可以嘗試寫高年級的邏輯思考教材，運算講義則是不需做超出進度範圍。父母需要擬定明確的戰略，並透過補習班的等級測試掌握子女的程度。

　　答錯很多，但解題速度快的孩子：這樣的孩童是帶著想要快速完成的想法：「只要能快點寫完評量，我就可以快點去玩。」其實大家都會有這樣的想法，但其實寫得快也並不簡單，畢竟能快速完成也是一種能力。

　　然而家長必須掌握兒女錯誤率高的原因，不要試圖拖延，一定要找到並解決問題癥結點。大人們的說明

若過於冗長，孩子的專注力就容易渙散，很難聽得進去，因此請簡單解釋就好。

另外，父母也必須積極介入小孩的學習進度，越努力越能有好的成果，且請務必確認下列狀況：「**看題目、分段看題目、確認題目最後一段說的是什麼，運算部分一定要確實計算正確，進位、退位等一定要記得寫下來。**」

答錯很多，且解題速度慢的孩子：爸媽可以減少子女參考書的書寫分量，以此來解決寫錯的問題，不可以養成他們慣性失誤的習慣，否則在打分數過後，小孩容易出現挫折感，故而盡量選擇不會對數學產生負面心態的教材。

當孩童寫完一頁運算教材、兩章邏輯思考評量後，爸媽就要馬上幫忙算分數，並立刻給予提示，或下修評量的難易度，以提供他們自信心。

● 根據設定目標

目標設定高的孩子／有野心的孩子：在國小數學階段，重點不在於有沒有卓越的數學頭腦，而在於需要設定目標與意志力，擁有高目標的孩子，其表現一定會

很好。

數學競賽等高難度進階題目，只要不斷的練習，就會知道其中的解題技巧。一般情況下，進階書中出現的題型會在每學年、每個學期重複出現。三年級第一次寫進階書時，可能會耗費許多時間，但到了四年級第二次做進階書時，就會少花一點心力。

目標是寫進階書且有意志力的孩子，會願意花時間完成進度，因為他們對數學有自信，當他們建立長期的計畫時，爸媽們就要協助他們完成規畫。

不過，每升上一個年級，就會感受到不同的成績壓力。孩子可以寫進階書的動力來自於高度的成就感，當寫完下一學期的進階書，並整理好錯題筆記後，便可以挑戰每天寫一頁超進階書。

目標設定低的孩子／對數學沒有自信的孩子：小孩心裡因有「數學好難」的偏見，且害怕寫錯，所以只想寫簡單的基本書。因此，大人們要想辦法給予子女充分的補償，並誘導他們遵守每日書寫進度，但不需要急著寫進階書，只要能確實完成運算跟應用書籍，成績一定會有所提升。

運算會延續到國中，規律寫評量是一種保持算數

手感的方法，只要計算不出差錯，就能獲得高於平均的分數。

　　請不要帶著「嘗鮮」的想法接觸創意數學、教具數學、邏輯思考數學等，數學的好壞還是取決於做多少評量，而創意數學基本上還是喜歡這科目的孩子會更厲害一些，故而請帶著多寫一本參考書的心情，並正面挑戰學校的課程。

　　當我在念數學教育系時，真的覺得系上的專業學科很難，那時教授說：「很難嗎？到大學為止的數學，都只需認真的寫題目便能通過考試，毋須有什麼天賦，等到修習博士課程才稱得上是真的數學，現在只要無條件練習跟背誦就行。」

　　我因為教授這一段與現實脫節的話而獲得安慰，這不是我能力不夠，而是就算我是本科系的學生，也不用具備什麼數學天分，只消靠著認真與毅力即可。

　　從現在開始培養自家小孩的數學能力，**給他們最強力的武器就是每天寫兩本、兩章評量所累積的自信心。**

〈數學自信心〉
一、二年級的運算題型

　　小一、小二時的運算能力最為重要，其次是能閱讀以文字寫成的題目，且找出題目想要的答案。國小一年級數學課本的重點，是用各種方式讓學生明白加法與減法，下列問題可以讓我們確認，是否有完全理解各學年的數學題目：

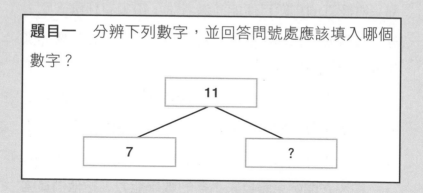

題目一　分辨下列數字，並回答問號處應該填入哪個數字？

　　題目一解答： 分與合是國小一年級上學期「加法與減法」中首度出現的概念，也是加法與減法的前導內容。善用分與合區分大數與小數，並學習對數字的敏感度，進而學到區分大數的各種方法，理解將大數先分

開、再合起來時，大數也不會產生任何變化。

　　數字 1-9、2-8、3-7、4-6、5-5 等，稱為 10 的補數，「加法與減法」單元活用補數，學習了到 10 為止的分與合，然後從「到 50 的數字」單元中學習到 10 以上的分與合。

　　在上述的題目一中，問號應填入的數字是 4，更進一步的説，11 能分成 7 與 4，同樣的，也能學到 11 還可以分成 5 與 6，大人們可以從孩子 6、7 歲時，從日常生活中導入分與合的概念。

題目二　請觀察下列數列表，並找出規律。

21	22	23	24	25	26	27	28	29	30
31	32	33	34	35	36	37	38	39	40
41	42	43	44	45	46	47	48	49	50
51	52	53	54	55	56	57	58	59	60
61	62	63	64	65	66	67	68	69	70

題目二解答：數列表出現在一年級下學期「看時鐘與找出規則」單元中，並不是單純只看一個數字的個別情況，而是要學習找出整體數字的規律。

21	22	23	24	25	26	27	28	29	30
31	32	33	34	35	36	37	38	39	40
41	42	43	44	45	46	47	48	49	50
51	52	53	54	55	56	57	58	59	60
61	62	63	64	65	66	67	68	69	70

箭頭往右那一列是向右遞增1，箭頭往下那一欄是向下遞增10，箭頭往左那一列是向左遞減1，最後斜對角往右下的箭頭是向下遞增11。

家長們可以與子女一起從1做到100，並讓他們試著表達對數列的看法。市面上也有販售數列表，建議在孩子5、6歲時使用為佳。等讀國小後，數學課本中也會有數列表，可以試著讓小孩自己親自做做看。

數列表可以用上述箭頭的標示方式，也可以如下列事例找出加3的數字：

| 21 | 22 | 23 | 24 | 25 | 26 | 27 | 28 | 29 | 30 |
| 31 | 32 | 33 | 34 | 35 | 36 | 37 | 38 | 39 | 40 |

上圖中每跳 3 格，數字就會加 3（詳見框格處）。

每升上一個年級，就會經常碰到活用數列表的應用問題，我們可以利用上述數列表，理解四、五年級的應用題型。

範例一　請將框格內的數字相加。

21	22	23	24	25	26	27	28	29	30
31	32	33	34	35	36	37	38	39	40
41	42	43	44	45	46	47	48	49	50
51	52	53	54	55	56	57	58	59	60
61	62	63	64	65	66	67	68	69	70

範例一解答：有許多種將這 18 個規律數字相加的方法，但並不是依序把這 18 個數字相加，而是以欄位相加或列位相加；或是先將十位數相加後，再將個位數

相加。重要的是找出規則、使用簡便的方法解開問題。

我是先將第一列的數字 34＋35＋36＋37＋38＋39，其十位數的30乘以6，30×6＝180，再將個位數字4、5、6、7、8、9相加，得出180＋39＝219。第二列則是需要219加上60、第三列則是219＋120，這是善用十位數變大、個位數不變。

34＋35＋36＋37＋38＋39＝219
219＋60＝279   **219+279+339=837**
219＋120＝339

範例二 請找出下列數列表空格的數字之和。

21	22	23	24	25	26	27	28	29	30
31						37	38	39	40
41	42	43	44	45		47	48	49	50
51	52	53	54	55		57	58	59	60
61	62	63	64	65		67	68	69	70

　　範例二解答： 首先，數列表上空格的數字分別是 **32、33、34、35、36、46、56、66**，區分出列與欄之後，將十位數字與十位數字相加，個位數字與個位數字相加。答：（30×5）＋（2＋3＋4＋5＋6）＋40＋50 ＋60＋（6×3）＝**338**。

　　上述兩個範例並非是直接將數字相加，而是找出數字的規律後建立公式，並算出答案。一年級時學的數列表，在四、五年級時會有更進階的學習。

題目一 大象巴士上有30個人，到了動物園後有21位下車、4位上車，這時大象巴士上有幾個人？

題目一解答：從二年級開始會練習「寫公式」，上述出現的題目是將課本題目的簡化，難度較低，只要會加法與減法的孩子，都能馬上在腦中計算，並說出答案是13，但還是要寫出30-21+4=13的公式。簡單的題目若能自然的寫出公式，相信難題也一定可以。

題目二 請選出下列長度何者是以「公尺」（m）為單位。
① 教室的長度　　　　　　② 筆筒的寬度
③ 學校前斑馬線的長度　　④ 樹葉的長度

題目二解答：答案是1與3。二年期下學期會學到「公分與公尺」，三年級上學期會學到「公釐與公里」，公釐、公分、公尺、公里皆可計算長度，學習在適當的情況下活用這些單位。

上述的兩個題目看似很簡單，但對某些成人來說，就連**首爾到釜山的距離大約400公里、京畿道人口**

超過1000萬人等，與日常相關的問題都不甚了解。

　　父母可以事先在家教小學二年級的小孩有關「長度及重量的概念」。例如：手指甲長度約為1公分、1根手指頭大約是5到7公分、雞蛋一顆大約50公克、我的體重是○○公斤等。

　　讓孩子跟數字親近之後，就能產生對數學的好感度，同時，家長也可以從子女的不足之處找出需要練習的評量單元，並循序漸進的完成。

　　若是現在有在學校學習長度單位的二年級學生，大人們可以以對話引導學童說出，走到電線桿是幾公尺、家中的冰箱高度是幾公尺等。

〈數學自信心〉
規律寫評量，數學就會好

　　我與同棟大樓的育兒夥伴曾有一段對話：「我兒子喜歡棒球，從小一開始就能記住棒球選手的打擊率，也知道比例的小數點，所有跟棒球有關的數字記得一清二楚，我想他應該有數學頭腦才對。可是……。」

　　他的煩惱是孩子跟隨學校課程進度寫的評量錯誤百出，我聽他說小孩連比例都會，真心覺得這孩子跟數字很有緣，便進一步詢問他說：「小朋友現在在寫哪一種評量？運算參考書寫到哪邊了呢？」

　　雖然這個提問有點老套，但我繼續問道：「○○看來跟數字很親近，也不會怕數學，我家寶貝連棒球的棒字都不認識，說實話，我超羨慕你。只是我家孩子從7歲開始，每天都會各寫兩本初階數學參考書的兩個章節，一年內累積了14本書。雖然都是薄薄的評量，但到了二年級就已經完成超過30本教材。如果將寫完三十多本評量的孩童，與目前剛做完一本評量的小孩相比，很不公平。既然○○對數字很有敏銳度，如果從現

在開始寫評量，情況自然就會變好。」

　　我們相視而笑，説出這些話並不是想誇耀我的兒女寫了很多評量，所以很厲害，而是每天就花個幾分鐘練習算數學，所累積的那些時間真的很驚人。

　　每天循序漸進的寫一點題目，就能獲得比成績還棒的事物，也會自動產生「要先念書」的想法，就能調整在家學習的氛圍。

　　每個孩子寫評量的速度跟難易度都大不相同，有的孩子很容易覺得厭煩、有的人很單純的完成、有的人相當有野心，有的人則天天一把眼淚一把鼻涕的坐在書桌前。

　　即便如此，像上述那位育兒夥伴的小孩那樣，可以在日常生活中與數字自然的親近，且對寫運算講義毫無抗拒心態，確實可以説對數學保有積極的態度，但這其實也歸功於父母的努力。在此請切記，絕對不能在不知不覺中跟孩子説：「你對數字很弱。」

　　既然在 12 年的教育課綱中，免不了要接觸數學，爸媽就要協助子女在 10 歲以前，養成坐在書桌前讀書的習慣，且一定要練習做評量，這樣才能知曉自家孩子的學習風格。

　　數學好的孩子，就是每天規律學習的孩子。請先不要去想評量的程度高低，就算是寫低一年級的參考書，抑或是超前進度等都無所謂，如今的階段就如同長程馬拉松42.195公里的最初5公里區間，往後要走的路還很漫長。

3 理解力和解題力，哪個重要？

　　美國與以色列從 1970 年代起開始做英才教育，而韓國則在 1990 年代中期才意識到英才教育的必要性，並從 2000 年開始正式啟動英才教育。地方教育局或大學附屬的英才院所學習的內容，與準備英才院應試考試的補習班，皆是推廣邏輯思考數學的最具代表性的例子。

　　另一個潮流就是數理論述。2006 年，我在模擬考試出題補習班工作時，曾舉辦一次「全國數理論述模擬考試」，時值各大學推動論述考試的時期，數理領域也首度出現了數理論述。

　　所謂數理論述，指的是大學修學能力測驗的申論題，考生須以短文的形式作答，答題的內容以一頁答案紙為限。

　　當時，針對數學是否該出現這種題型具有極大爭議性，數理論述出題委員事後也針對短文內容、題目難

易度、計分方向、配分等做各種研究。從某種角度來看，目前關於國小學生該不該學邏輯思考數學，大概是源自於當時考試有考申論題之故。

▌選擇評量的基準：錯誤率要達三成

近來，許多低年級孩童的父母煩惱著：「該學邏輯思考數學嗎？什麼時候開始學比較好？去學的話，會產生什麼正向效果嗎？」其實他們真正想問的是：「**需要去上邏輯思考補習班嗎？**」對於是否該培養思考力，我答案一定是Yes。

不去上邏輯思考補習班也沒關係，但這不代表邏輯思考數學就不重要，因為課程數學內的應用、進階題型都稱之為邏輯思考數學。這不是單純的運算題目，而是需要更近一步思考的問題，而必須提高思考力才能解題的部分，通通都是邏輯思考題型。

在介紹邏輯思考問題之前，要先探究一下何謂課程數學的基本、應用、進階。

課程數學指的是，學生在學校中應該學習的必修課程，從國小一年級到高中三年級為止，課本都是依據

學校上課時間分配進度、學習。

課程數學中的基本數學講述的是，像課本跟習作的基礎程度，也是各學年必須學習的基本內容。

舉例來說，二年級下學期要背九九乘法表、五年級上學期必須知道分母通分後的加減運算，以及四則運算與有關時間的基本概念題型等，這些都是最基礎的。而數學習作因為是設計在學校上課時間使用的，所以題目量並不多，學生練習的分量也不夠。

數學是螺旋式架構，一旦錯過一個概念，下一個階段就會無法銜接，故而不能放過數學課本、習作內的所有題型，必須全部理解，並寫到完全正確為止。

課程數學中的應用數學，是指其中相對困難的內容。應用數學可能是運算過程較複雜、解題方式較多樣，或是解題過程需要歷經多個步驟才會有答案。市售的參考書就會有許多應用題型，國小、國中階段會反覆看到這一類的題型。

比方說，將幾個蝴蝶結緞帶連接起來並詢問總長度，這種題目就是一種需要拿掉緞帶重疊部分的應用題型，而這些應用題型會一直出現在二年級自然數的四則運算、四年級的分數、五年級的小數單元中。

在**理解基本概念之後，與其不斷寫基礎書，不如開始寫應用書為佳**。特別是，由於現在孩子有在學校上課，因此可以略過基礎書，直接寫應用書。

所有評量的選定基準就是錯誤率三成（＝正確率七成以上），對我來說，錯誤率三成左右即是選擇參考書的標準。當正確率超過九成時，代表小孩並不需要這本評量；然而當正確率低於五成時，表示這本教材的程度超過孩子可以負擔的範圍，整理錯題筆記所花費的時間就會拉長，也容易喪失自信心。

課程數學中的進階數學指的是，課程中最難的部分。進階題型解題步驟相當繁瑣，多數的進階題目也都是難在於此，必須具備思考力才行。

至於應用問題與進階問題很難有明確的界線，應用書中會有約一成的進階題型，而進階書裡也會收錄大概五成左右的應用題型。

邏輯思考數學尚有包含課程數學與課程外的內容（參見右頁圖表2-1）。

課程數學中的邏輯思考數學，是指相較於培養孩童的計算能力，更注重解決多種問題的能力。所謂多樣題型並不是指符合框架的題型，而是可以用多種方式作

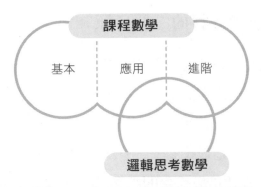

▲ 圖表2-1 　邏輯思考數學所涵蓋的範圍

答。這不是單純的算題目，**而是在深思熟慮過後找出解題方法，即是提高思考能力**。與此同時，也不會侷限在一個單元，可能會帶入其他科目的知識，當背景知識越多，就越容易能找出解答。

　　課程數學外的邏輯思考數學說的是，雖然不會出現在課本中，但將是這個年紀的孩子需要思考的概念，透過邏輯思考題型進行腦力激盪。比方說，父母認為，不需要積木、對稱圖形、數獨、國際象棋等的內容，但小孩可能會覺得：「這竟然是數學？好有趣！」由此可知，此類邏輯思考數學具有兩面性。

▎邏輯思考教材的三個目標

前述提及邏輯思考數學與課程數學密不可分,但可惜的是,邏輯思考數學這一詞彙被過度商業化包裝。事實上,低年級學童在家規律的寫一本運算教材、一本邏輯思考教材,是最棒的學習方法。但實際情況是,補教業為了賺取低年級學生的補習費用,不斷恐嚇家長:「若現在不讓子女上邏輯思考數學課程,他們會輸在起跑點。」

殊不知這樣反而會讓孩子產生反感,還不如不提及來得好,建議大家可以說「解決需要深思的多種應用問題」,才是最適當的用詞。

• 引發對數學的興趣

我經常用講述韓國史的漫畫來比喻低年級的邏輯思考數學。有的孩子到了國小一、二年級時,會開始好奇韓國歷史,然而,子女們通常都是透過父母得知所有歷史相關資訊。例如:韓國史漫畫是一本怎麼樣的漫畫、閱讀哪一種歷史書比較好、什麼是最近最暢銷的國小韓國史全集、哪一本韓國史學習評量更好,以及是否

要去報考韓國史能力驗證考試[4]等。

　　有趣的韓國史漫畫書籍，不僅能引起國小生的興趣，家長們也期待孩子能自動自發的走入閱讀的世界中，並熟悉歷史的年代、地名、國王的名字、國家的名字。更進一步的說，是希望小孩在五年級社會科首度出現韓國史時，比其他人學習得更加順遂。

　　但並不是說讓孩子成日沉浸在韓國史漫畫中，只是讓他們可以在上社會課時，可以對課程產生多點自信心。當學校老師在說明某一歷史脈絡時，也能更容易理解，這是韓國史漫畫希望達到的第一層目的。

　　低年級的邏輯思考數學的首要目標也雷同，學齡前與低學年的邏輯思考數學教材目的，就是要**引起孩子對數學的興趣**，不會讓他們覺得這是一種學習，而是透過接觸各種不同的思考題型，感到有趣、產生成就感，並從看月曆、看時鐘等單元中了解到，「我是喜歡數學的」或「我的數學能力應該不錯」。

　　不過，剛開始寫運算評量與課程數學參考書時，

4　韓國國家歷史編撰委員會主管的韓國史能力驗證測試，詳請參考下列網址：https://www.historyexam.go.kr。

會覺得很難，也會因為寫錯而不開心，還可能害怕錯太多會被爸媽罵，這時的邏輯思考數學就能讓小孩再次對數學敞開心胸。

低學年的邏輯思考數學講義不需要寫超過進度，反而是在第一次接觸邏輯思考教材時，要降低難易度，或是升上二年級時再寫也沒問題。低年級時可以試試看找尋相異處、看鏡子、分類、占地遊戲、積木、轉圖形等，偶爾嘗試寫略為複雜的運算方程式，以及數獨、用數字玩遊戲等。

「哇，爸爸我小時候都沒有這種參考書，感覺很有趣耶。」、「有人說數獨是科學家休息時，讓頭腦放鬆的小遊戲，你連這個都會，太厲害了！」低學年正是需要父母給予支持鼓勵的時間點，若想讓國小低年級的孩子產生「我的數學應該不錯吧？」的想法，那麼邏輯思考教材將占一半左右的功勞，因為**邏輯思考數學的第一目標就是讓孩子覺得數學很有趣。**

• 戰勝長時間解題

國小高年級的數學就不同了，光靠有趣好玩是行不通的，因為要解題的分量越來越多，還有些孩子要超

前到國中數學，所以想盡快趕上課程數學的進度，但偏偏評量中的應用數學越來越難。而在這一點上，正是邏輯思考數學的第二個目標。

低學年的課本中，有很多只需要想一遍就能作答的數學題目，但到了高年級後，隨著應用問題的增加，越來越多問題需要經由多階段思考才能找出解題方式，這時，如果不曾有過長時間思考解題的經驗，就會輕言放棄。

當遇到應用、進階題型時，孩子內心會想著：「都已經想這麼久了，應該要有答案才對啊！」、「好不容易算到這一步了，難道又要重寫一次嗎？」、「一題就寫這麼久，這樣兩章要寫到何時啊！」、「這題目好長，根本不知道它在說什麼！」

每個人都曾有過這類的煩惱，多數人會在這個時期放棄、討厭數學，因此需要培養出戰勝失敗、走向成功的經歷。

以運算參考書為主要學習內容的孩子，會認為數學就是應該馬上算出答案，但從低年級起寫邏輯思考教材的小孩，會知道數學題目可能很長。還有其他孩童會透過找尋規則的題目學到如何面對題目，且理解自己所

需的思考時間,以及圖形題雖然看起來很簡單,卻會錯上兩、三次等的經歷。以下整理出面對長時間答題時,所需的各項體驗:

1. 一個題目要花很多時間思考。
2. 為了解出一個題目,可以會用掉一整張練習紙。
3. 第一次想出來的答案是錯的,需要再次解題。

不過,我雖然說到要練習寫邏輯思考數學教材,但並非要大家在低年級時,跨級寫高年級的數學題,而是必須做符合小孩本身年齡的思考題型。

一年級有一年級該做的邏輯思考教材、二年級也是如此,唯有從小練習過、解出思考題目的孩子,才能做好心理準備。

不是說只要讓子女從小寫數學教材,就會讓數學變得簡單,而是要培養孩子在遇到數學難題時,能具備解決問題的能力。而邏輯思考數學的第二個目標,正是要培養各位擁有這樣的能力。

下面是七年級上學期方程式中，會出現的題目。

找出下列方程式解的總和（25分）

$$x + 2 = |x| + |x - 4|$$

（利用數線）

解答：

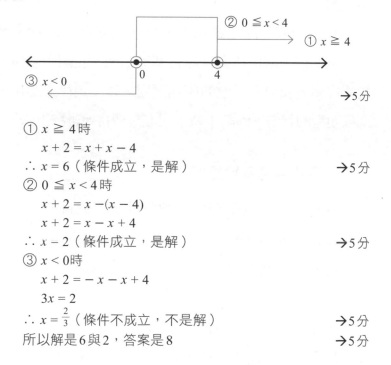

① $x \geqq 4$ 時

$x + 2 = x + x - 4$

∴ $x = 6$（條件成立，是解） →5分

② $0 \leqq x < 4$ 時

$x + 2 = x - (x - 4)$

$x + 2 = x - x + 4$

∴ $x - 2$（條件成立，是解） →5分

③ $x < 0$ 時

$x + 2 = -x - x + 4$

$3x = 2$

∴ $x = \frac{2}{3}$（條件不成立，不是解） →5分

所以解是6與2，答案是8 →5分

前頁這個例題乍看之下是計算題，卻需要分階段解題，因此，只要能掌握出題意圖、利用數線、思索問題給予的條件，再依據各項條件計算出正確答案即可。

每升上一個年級，就必須分階段一步步的解開數學題目，如此才能找出最終答案，並不是上了國中後，就突然會寫這樣的題型，只有準備好的孩子才能順利解出答案。

這一類問題既是邏輯思考題，也是課程的進階題型，且學校考試也都會以此為基礎出題。在國小階段若能養成做邏輯思考評量的相關問題，以及規律寫應用、進階題型的習慣，到國中時，也必然會持續維持下去。

- **見識各種數學題型**

在低學年時寫邏輯思考教材的第三個目的是，可以見識各種新穎的題目。如果從低年級起開始寫課程評量，就能逐步適應題型，且往後10年也都必須持續做下去。

國小一、二年級的數學，靠著上課時間認真學習就已然足夠了，在學校裡，老師也會以有趣的日常生活教導學童。

　　至於像是四則運算單元以外的「比較、各種圖形、看時鐘、量長度、分類、表與圖表、找尋規則」等，便需要透過教材的輔助，方能接觸到各種具有深度的問題。

　　例如，國小二年級上學期的數學課本「分類」單元中，有以下類型的題目。

　　以二年級學童為教授對象的「分類」單元，在邏輯思考教材中會是以引導式問答呈現，學校在這一單元的教學方法上，不會讓學生感覺到這是數學科目，而是以連結日常實際生活的方式展現之。

　　下列的問題不需要詳細說明該如何解題，就可以直接填上答案，這瞬間，孩子的思考力就會有所成長。

　　題目　表格裡的「？」，要填入選項「蚯蚓、鯨魚、麻雀、烏龜、海鷗、雲、飛機、鯊魚」中的哪一個？

大海	大海與大地	大地	大地與天空	天空	天空、大海與大地
鯨魚鯊魚	烏龜	？	麻雀飛機	？	海鷗

　　解答：此題只要看上下選項中的單字，且稍微想一下答案為何，就能延伸思考問題的角度。選項中，「蚯蚓」只居住在大地中、「雲」只待在天空中，烏龜、麻雀、海鷗等生物並不只會待在一個地方，會在大地、大海與天空出現，這是一題能讓孩童嘗試思索後，發展出不同思維的題目。

　　找出適合孩子的邏輯思考評量、探究出小孩有興趣的數學領域，也是在家學習的優點，請讓子女在家裡寫符合他們程度的教材，並接觸各種不同題型。

　　在學齡前與國小一、二年級階段做參考書，既不會太晚開始，也不需要刻意加快速度。而對於高年級學童而言，因為時間相對較多，故而可以嘗試不同種類的評量，或是只針對其中一種主題進行學習也無妨。

　　低年級時，在家裡按部就班的寫一本運算教材和邏輯思考評量，比去補習班更能建立對數學的自信心，這也是本書不斷強調的事。

▍課程評量是最終學習關鍵

　　前一節我們探討了低學年寫邏輯思考教材的好

處，至於開始做課程評量的時機，必須在二年級暑假到三年級的寒假之間。若能在低年級透過寫邏輯思考教材培養數學能力，那麼從三年級起就可以正式開始練習課程評量，一邊檢測並一邊提升實力。

選定參考書的基準是答題正確率達70％，若小孩有規律寫運算講義，在為他們決定第一本課程評量時，就能選擇三年級上學期的題庫書或應用書。

孩子如果能自己看說明、寫題目、達成70％的正確答題率，並自行將寫錯的地方訂正，大人們就可以放手讓他們繼續做下去。

縱使進階書的正確率只有50％左右也沒關係，因為國小的進階題目經常會出現過於刁鑽的題型。不過，如果小孩因此感到受挫的話，可以先不寫進階書，改做應用書。

就算是同一本參考書，每一個小孩所感受的難易度也各不相同，有些孩子很容易就能解題，有些小孩則會覺得問題很難無法作答，所以在決定與開始寫評量之前，請務必考量他們本身的程度。

只要從今天開始養成書寫講義的習慣就行了，這麼做並不是為了現在的成績，而是為了上高中後可以擁

有不錯的分數。

　有關國小三年級開始就必須寫課程評量的原因，整理如圖表2-2。

基礎書／題庫書	第一	確認是否真的理解這一單元的概念。
	第二	透過寫不同類型的題目，用以確認是否能活用概念。
應用書／進階書	第三	如果能做到進階題，即可驗證孩子的能力。
	第四	做進階題目可以獲得更高的數學成績。

▲ 圖表2-2　寫數學評量的原因

　第一與第二個原因可以透過寫基礎書、題庫書得到解答，如果能自己寫數學課本、習作，便也可以自行解出概念書與題庫書中的題目。當然，還是會出現計算錯誤、思考方向錯誤而答錯的情況，但只要再寫一次錯題，就能完全征服一本教材。

　四年級的「大數、分數、小數」單元，可能會讓孩童覺得很困擾。請父母不要因為孩子寫錯而擔心他們程度不好，而是幫助他們一直練習到會為止。如果孩童每個學期寫一本題庫書，就能順利擠進前段班，若在校成績不到平均以上，並不是頭腦本身有問題，而是由於

沒有確實做評量的緣故。

　　接下來要思考第三與第四個原因，如果子女寫進階書時，正確率達70％以上，便可以讓他們接著寫下去；但若孩子一直無法順利解題、答題正確率也不到70％，爸媽多少會感到難過，內心會想著：「別人家的孩子都會寫頂尖數學了，有些補習班甚至還是以此為進度在教學生，我家小孩是不是沒有天賦？」

　　這時，父母就需要幫子女確立目標，像是兩年後可以寫進階書的目標。正如我前述所言，數學系的人都不是因為頭腦好、天生會讀書，而是努力不懈的寫題目，才有辦法讓該學科變好。

　　如果想培養孩子擁有毅力與專注力，就要從現在起讓他們養成規律、確實的寫基礎書與應用書的習慣。

　　不可以在毫無付出心力的情況下，光想著「上國中就沒問題了」、「再大一點，自然就會變好」等，因為成績好的同學，現在都有按部就班的讀數學，我們的目標是在高三考大學時能有所發揮，並透過循序漸進的準備，培養出隨時可以解進階書的心態。

　　這一節的主題是「課程評量是最終學習關鍵」，這其中包含了許多的含義，**在低學年階段推薦大家做邏輯**

思考評量的原因，是為了讓孩子到高年級時，可以完成應用、進階的題目。

很多孩童是在沒有接觸過邏輯思考教材的情況下，就進入了高年級，然而最終都必須面對課程評量的應用與進階題型。找出適合自身子女程度的參考書，將不會的題目訂正成會的題目，等到下一次放長假時，挑戰更進階的評量，正是念數學的不二法門。

〈數學自信心〉
要求孩子完成評量後才能看影片

在養育三個小孩的過程中，我很難抗拒影片的強大誘惑，因為只要讓子女們看20分鐘的卡通節目《淘氣小企鵝》，就可以讓我稍微躺一下，或是喝一杯三合一咖啡。

當這短暫的歡樂時光結束後，準備關上電視時，不太可能跟吵著「再看一段」的孩子說：「其實媽媽也想。」畢竟，當爸媽們看到子女安靜的看著電視、彷彿被抽走靈魂，就會瞬間了解嚴重性。

我並不是否定所有的影片，只是一段影片播完後會自動連結下一段影片，這樣不間斷的播放系統才是問題所在。

這讓我回想起童年時期每週日上午放映的《迪士尼午後合集》（*The Disney Afternoon Collection*），那是使我培育想像力的源泉，就連長大後，每到星期日早上都會想起這個回憶，且會產生想要看電視的衝動。

雖然時間漫長，要等待一週才能看，而影片卻在

心裡留下很強烈的印象，如今YouTube一類的串流平臺雖能讓我們源源不絕的觀賞，但很容易忘記不久前看到影片的感動。

不過，YouTube也是有發揮益處的時刻，不過至少須等到孩子六年級左右，再觀看影片學習。另外，學齡前與低學年的小孩，不論是看影片、看電視都必須由父母控制時間，如果孩子甲不能隨意看影片而吵鬧不休，那麼，可能就要從親子關係著手處理。

孩子可能會吵著要看YouTube，而是否要給他們看則由大人們的決定，也就是說，必須建立家規。

我想推薦的方式不是填補時間，而是找出明確的補償辦法與有利的時間機制：

1. 明確的補償

明確的補償是指完成評量進度後可以看影片。至於看多久是由家長與子女共同決定，每個家庭的情況不同，但我不允許小孩使用手機看YouTube、玩遊戲。不過，一週會有兩次、每次一小時可以用電視看電影或動畫，而三姊弟喜歡的影片種類皆不同，所以也需要讓他們有彼此協調的時間。

2. 為了獲得少許的有利時間而努力

《哈利波特》是全世界十幾歲小孩的共同文化，我讓我家孩子先看書，在每看完一本後，就可以看一部電影。《哈利波特》系列共有七本書，電影也有八部之多，可説是大長征型的任務。在歷經幾個月的時間，我和子女們不但聊天話題變多，甚至還一起加入了討論《哈利波特》的社團。

然而，我建議這方法應該要等孩子們都升上高年級後，再執行會比較好。每個孩子的性格各異，父母的價值觀也不同，迪士尼電影、英雄電影、或是英文DVD等都是不錯的選擇。

電影產業是引領世界的尖端藝術，特別是小説與電影的結合，增添不少活靈活現的色彩。我會繼續透過書籍與電影，與小孩分享充滿熱情的作家與導演的作品，我相信只要能適時適量的觀賞影片，一定能與小孩產生很棒的互動。

〈數學自信心〉
用「平衡、規則、括號」問題檢視一、二年級數學思考力

　　請爸媽與子女一同解解看下列有關平衡問題的題目，這題的出題動機是讓孩子熟悉數字和完成一位數加法，7～10歲的孩童都可以嘗試作答。

題目　假設1、2、5、10克的砝碼各有10個。先在天平的一端放上重10克的砝碼，若要讓兩端取得平行，另外一端應該要怎麼放？
請想出多種方法。

　　我想父母應該已經想出了幾種方式，我的話會拿2個5克的砝碼或是5個2克的砝碼。家長們可以先讓孩子看完題目，並在紙上面寫下解答。
　　只要天平的兩端一樣重，就能保持平衡，這件事對於大人來說是理所當然的事，但小孩可能尚不知曉，這時就可以仔細的跟他們說明槓桿原理。

　　從現在開始，耐心等待孩子找出可以平衡的組合。如果子女詢問：「媽媽，可以只放一個10克的砝碼嗎？」爸媽請先不要急著回答，讓他們把問題的答案先寫下來。

　　下列是我家三個小孩的解題過程：

小兒子的解題過程

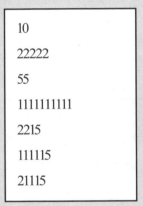

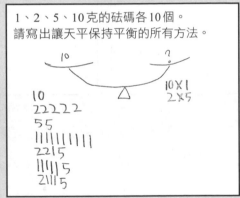

　　小兒子很用心的列出所有的組合，雖然還是漏了幾個，但我依然稱讚他做得很好，同時還要跟他說「2215這個組合連媽媽我都很難想到」、「媽媽我也有點搞混，你真棒還找出了這些」等，並與他再次探索。

二女兒的解題過程

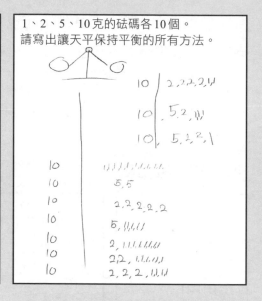

1111111111
55
22222
511111
211111111
22111111
2221111
222211
52111
5221

1、2、5、10克的砝碼各10個。
請寫出讓天平保持平衡的所有方法。

10	2,2,2,2,1
10	5,2,111
10	5,2,2,1
10	1,1,1,1,1,1,1,1,1,1
10	5,5
10	2,2,2,2,2
10	5,11,11
10	2,11,11,11
10	2,2,11,11
10	2,2,2,11,11

　　問答題不會提示有幾個答案，所以一定要仔細的想，這個題目一樣要先訂定像是寫公式那樣的基準才能解題。設定「從小的數字、或是從大的數字開始寫」等的目標，再開始解這一類題型。

　　我家二女兒就是從天平左邊開始寫下10，卻忘了右邊也要寫下10，最後天平才會以10－10保持平衡。

　　子女犯下明顯的失誤時，爸媽可能會感到有點難過，但仍然要讚美他們。此外，容易搞混跟遺漏的部分，也可以依序整理出來。

大女兒的解題過程

從上述書寫的順序來看，可以看出是高年級的孩子，在理解解題過程後，從小的數字開始一組不落的寫下來，應當要好好給予稱讚。

這一類的問題雖然不難，但容易出現遺漏的狀況，也可能寫到最後才發現自己一開始的方向是錯的，需要再重新思考一次，而這些都是不錯的學習過程。

請試著算出下列規則相關的問題，這是國小二年級的題目。

> **題目** 將數字1～30依序羅列出來時，數字2會出現幾次？

這一個題目最直接的做法就是寫出1到30。數字2出現的順序分別有2、12、20、21、22、23、24、25、26、27、28、29，所以可知總共會出現13次。

二女兒分別找出有2的數字為「2、12、22」，說總共出現4次，但其實是她算錯了。

「真的只有這幾個嗎？」我再三詢問她，也給她注意十位數字的提示，透過這個暗示，她發現十位數字也出現很多2，並再從頭寫一次1到30之後，最終找出正確答案。

這個題目雖然可以全部列出1到30的數字，但也能各別從1到10、11到20、21到30找尋出規則，我要求孩子分出區間，且思考一下，最後他們都能順利得出正確解答。

解答：1～10：1個2；11～20：2個2；21～30：10個2。

　　相似的應用問題也會出現在小五、小六的進階題型中，請看下列的題目一、題目二。

題目一　將1到400的自然數依序排列時，數字3共會出現幾次？

　　題目一解答：列出區間後再解題，首先找出1到100之間數字3出現幾次。

　　1～10➜1次
　　11～20➜1次
　　21～30➜2次（23、30）
　　31～40➜10次（別忘了33要數兩次）
　　41～50➜1次
　　51～60➜1次　　　　　　　　　　　　共20次
　　61～70➜1次
　　71～80➜1次
　　81～90➜1次
　　91～100➜1次
　　101～200➜20次
　　201～300➜21次（最後一個數字300的3）
　　301～400➜119次（百位數字的3有99次）
　　20+20+21+119=180，所以**答案是180次**。

題目二　依據下列規則排列數字時，第10個數字與第30個數字的差距會是多少？

1、3、5、7、9、11、13、15……

　　題目二解答：排列出的數字差距為2，就算不找出第10個數字與第30個數字，也能知道這中間會有20個差距，$2 \times 20 = 40$，最終得出**答案是40**。

　　上述題目為邏輯思考題型，也是數學競賽中常見的題目，這些問題必須區分出區間，才會有利於解題，畢竟不可能寫出1到400的數字，或是寫到第30個數字，故而必須找出其中的規律、定出區間，才能解題。

　　找出區間解題的這個做法，是練習數學系統性思考的最佳方法，只是學校課堂上不會出現這一類題型。在第3章的「超進階數學」中，會針對準備要參加數學競賽的學生，介紹一些學習方法。

請試著解開下面的括號問題，這是國小三年級的題目。

題目　有兩個不同的括號，括號的規則如下：

〔任意數〕＝任意數＋25

｛任意數｝＝任意數－25

但括號內的數字是大於25的自然數。

請求出滿足下列公式的答案。

〔75〕＋｛75｝＝〔　？　〕＋25

解答：大部分的小孩都會答錯此題，父母們也需要查找解答本才會知道答案，這樣難度的進階題目絕對不會出現在教科書上，學校的考試也不會有。然而事實上，能解出這一題的孩子不少，到補習班的進階班級也是為了要學這一類題型。

六年級和四年級的大女兒、二女兒馬上就能算出來，而二年級的小兒子卻解不出來。大女兒沒有動筆，用眼睛看就解出問題；二女兒則寫下〔75〕＝100、｛75｝＝50之後，就找出正確答案。

這題的正確答案是100。小兒子雖有想到這邊，但

算出來的答案卻是125。不是？＝125，而是〔？〕＝125。將**？＋25**放入〔？〕，便能從**？＋25＝125**的方程式中求出問號的答案。不過，即使沒有超前進度學到方程式的概念，只要練習深入的思考，就能求出這個問題的解答。

這個題目同樣也是邏輯思考題型，同時也經常出現在數學競賽中。如果小孩看到這類問題後，出現慌亂、不想碰的情況，那該怎麼辦呢？這時，家長們可以做兩件事：

1. 跟子女一起每天做20分鐘邏輯思考評量。
2. 稱讚孩子。

要解除孩童對於寫錯的恐懼，就必須和他們共同面對錯很多這件事。但不是在學校或補習班的同學面前，而是要在與大人一起解題的過程中，累積犯錯的經驗值，不需要寫很多的題目，只要一天練習個一、兩題就好。

若孩子目前是三年級，可以找出小二時寫過的參考書，並重新做一次標上星號的題型。

　　如果小孩能輕易解出去年講義中畫上記號的題
目，就等於是今年已經理解了去年不懂的問題，爸媽一
定要給予大大的讚賞；如果孩子還是無法了解，就必須
適時給點提示並引導他們答題。

〈數學自信心〉
我要上班，孩子怎麼在家學？

在此不得不提及有工作的職業父母，當你們聽到
「在家學數學」的用詞時，應該會覺得是天方夜譚。光
想著要上班、要育兒，下班後還要看兒女的功課等，天
天被時間追趕，真的過得非常辛苦。

對於職業父母而言，最痛心的莫過於聽到「只會
把自家子女丟去補習班」、「不會自己帶小孩」。事實
上，爸媽是為了讓孩子在放學後不孤單，才會將他們送
去補習班。

不論是小孩子或爸媽，到某一瞬間就會像齒輪一
樣出現傷痕，但我們是人、不是機器，總是會有心累的
時刻。就算是大人，也可能會在某一天不想再看子女的
功課，便決定把他們送進補習班，不難理解職業父母的
難處。

推薦給養育低學年子女的爸媽的解決之策就是學
習教材。各位可以去大型書店找出相關書目，比較後再
選擇。由於孩子越年幼，會越快完成一本評量，又要再

次比較各家的參考書、找尋資訊，建議在家學習能採用這種方式，這會讓大人與小孩都有所成長。

但時常花時間挑教材，對職業父母來說是不可能的，還好有各大出版社出版的學習教材，這些參考書都會包含許多科目、分不同的學習階段，以及不同的探索方式。

我待過高中模擬考試的出題組，曾製作網路課程教材與預測模擬考試的問題，雖然當時的主要對象是高中生，不過幸虧國小生的評量也是採取徹底分析、檢討的模式，競爭越激烈，就越需要投入更多資本，我深信學習教材的世界也是如此。這讓我能以過去的經驗，來挑選教材。

學習講義最大的優點是，不僅學生能自主學習，老師也可以進行有效管理。每天有固定的書寫分量，老師一週檢查一次，完成每日規定進度就可以去玩耍，這對孩子來說會是最大的補償誘因。

到低學年為止，職業父母可以請保姆帶孩子去公園玩耍、在家規律的做系統性學習評量，讓孩子的學習有所成果。

我家小孩在進入國小時，已經上過兩年的線上英

語課程，雖然他們沒有去英語幼稚園，但在講話與發音都相當有自信。

五年級以上的學生，若僅依靠學習教材可能不太夠，但7歲到小學二年級、三年級的階段，可以透過按時做各科的學習講義，來彌補沒去補習班的不足，如此一來便能達到與在家學習相同的效果。因為國小一、二年級若能過得很充實，是一件相當具有意義的事。

當孩子超過10歲，就會發現他們的大腦進入加速發展期，背景知識累積到一定程度，理解能力大爆發，所以當發現學習教材有所不足時，可以在高年級時借助補習班的力量補齊，請務必打好基礎，這樣就不用煩惱要不要從小送去補習。

只有一個人在家念書時才會成功。去補習或是在補習班聽課後，還需要花兩倍的時間在家裡寫作業，這樣才會是真的有在讀書。第3章會再次提及，唯有自己解題，才是真正在念書。

三到六年級是
黃金關鍵

1 數學好不好，三年級見分曉

數學是一門從小學一年級到高中三年級為止，需要一步一步累積的學問，這其中的差別在於，7歲與18歲並不能以同樣的方式學習。

學齡前到國小一、二年級的數學，是用眼睛看、動手操作，也是以直接看到、直接帶入的方式活用四則運算。孩子如果不理解減法，可以用小珠子示範，看著小珠子數數，藉此學會如何相加、相減，也能直接轉動時針與分針，來學習如何看時鐘。這也是為什麼這一時期的補習班需要借助教具，以遊戲來教數學。

國小三年級到六年級的數學必須同時活用眼睛與大腦。學習除法時，可以利用眼前的一大片披薩與切分的小片披薩，來說明分數的加法與減法，但其實分數除法很難在現實中找到合適的教具來說明。數超過100萬的大數、估計、求比例等，就是同時需要運用眼睛與大

腦的單元。雖然還是可以用手、用眼睛去體驗，但最佳的學習方法還是得讓大腦理解與整理這些概念。

　　到了國小六年級，由於大腦逐步成長、專注力提高，因此需要在腦中想像那些沒有接觸過、沒有看過的原理，需整理的概念就會變多。這一時期孩童的數學能力差異極大，有的孩子很容易完成解題，有的孩子則會感到有困難，這就如同個子高矮，父母必須學會認同與接受。如果想要縮小這樣的能力差異，最好的辦法就是「閱讀與做題目」，同時，大人們也能藉此理解自家小孩的程度。

　　國中以上的數學靠的是在大腦中進行思考，也就是所謂的概念式數學。 $ax+by$ 或無理數都無法用實際生活中見到的道具說明，這是學童本身與概念奮鬥的時刻。也就是說，重要的原理會出現在國中數學，例如：未知數、函數、座標平面、相似三角形、外心與內心等，都是國中數學的核心，必須理解這些原理才有辦法擴及到活用題型、進階題型。

　　本章會以國小中、高年級的孩童為對象，說明這一階段如何學習數學，換句話說，會從眼睛看、動手做，進階到同時用眼睛與大腦理解概念。

2 三年級，分數、小數、單位是基本

　　圖表3-1整理出三年級必須知道的主要概念，特別是首度出現的「分數與小數、容積與重量」單元，所以才會說三年級是開始學數學的年級。讓我們先來看三年級要學的各種原理，再進一步說這個時期的學習方法。

學年	主要概念
三年級上學期	• 運算：三位數加減的進位與退位、除法概念、兩位數乘以一位數的進位一次的乘法、介紹分數與小數。 • 平面圖形：線段、直線、半直線、角、直角、直角三角形、正三角形。 • 長度與時間：一公釐（mm）、一公里（km）＝1000公尺（m）、以一秒為單位畫出表針、60秒＝一分鐘、計算所需時間。 （舉例）：8km400m－3km600m或是4小時15分30秒－1小時40分50秒。

（接下頁）

三年級 下學期	• 四則運算：多位數的進位乘法（兩位數乘以兩位數、三位數乘以一位數）、多種除法（兩位數除以一位數、三位數除以一位數）、退位的除法、除法後的餘數、有餘數的除法。 • 圓：圓心、半徑、直徑、圓規活用法。 • 分數：分數概念、真分數、假分數、帶分數、將假分數轉為帶分數。 • 容積與重量：一公升（L）＝1000毫升（mL）、一公斤（kg）＝1000公克（g）、一噸（t）＝1000公斤（kg）、估算的重要、重量的和與差。 舉例：3L600mL－1L900mL、3kg300g－5kg800g。

▲ 圖表3-1　三年級的數學課程

● 分數與小數

一、二年級的數學有自然數的加法、減法與乘法，到了三年級起，就會開始學自然數的除法與分數。除法屬於四則運算之一，但跟分數密不可分，分數占國小數學很大一部分，有關分數課程的內容如下頁圖表3-2。

三年級上學期「分數與小數」單元，首度介紹分數，並學習什麼是分數、什麼是小數的概念。

三年級時還不會學到通分（將兩個以上的分數分母化為同一個數字），所以還不會太難。若能先透過日

學年	各年級的分數課程
三年級上學期	進入分數的概念。
三年級下學期	比較分數的大小、假分數轉成帶分數、帶分數轉成假分數。
四年級下學期	分母相同的分數之加法與減法。
五年級上學期	不同分母的分數進行通分、通分後的分數進行加法與減法。
五年級下學期	分數的乘法（分數×分數）。
六年級上學期	分數的除法（分數÷自然數）。
六年級下學期	分數的除法（分數÷分數）。

▲ 圖表3-2　三到六年級的分數單元

常生活熟悉最好，在說明分數概念時，最常見、最簡單的就是分披薩：**八小片的披薩，所以分母是八，其中一小片就是分子一。**

父母可以在子女寫評量時，以寫了七題中的五題，還剩下兩題的情況下，跟他們說：「還剩下七分之二。」不需要用太過於具體的分數加法，只要將數學應用在日常中的部分告知小孩即可。

• 容積與重量

三年級下學期的「容積與體積」，出乎意料的是孩子會錯很多的章節。

日常生活經常會使用公分、公里等長度單位，但體積與重量難以在國小低年級時提及，可能連大人都不太清楚體積與重量的差異。礦泉水瓶兩公升的「公升」即是體積的單位，因此，若能在家裡就先熟悉日常的一公升指的是什麼，就能對體積單位有所認識。

三年級下學期的數學習作中，會有牛奶盒與浴缸的比較圖，並從兩者選出比一公升大的題目，進而能夠在「2L-300ml=1L 700mL」的公式中算出正確答案。

在日常生活中理解體積，會對學數學有所助益。在家裡可以直接接觸500毫升與兩公升的礦泉水重量，這樣一來就能知曉體積是什麼樣的單位，也會知道該如何使用。

父母不可能熟悉子女所有的課程進度，但請務必記得「三年級時會出現分數或體積」，並在生活中經常與孩子提及這些概念。 即便小孩的年紀還年幼，還是可以引導他以神采奕奕的表情跟上學校的上課內容。

我每每回想起坐在教室裡一臉懵懂的孩子，都會覺

得他們很辛苦，畢竟只有爸媽才能協助子女認識、走進這個世界。

若能不間斷的寫運算評量，到小二為止必定可以跟上學校的進度。不過，從三年級起，除了「體積與重量」一類的運算單元之外，必須開始寫課程評量。如果能依照我在本書開頭所提出的學習地圖（參見第18頁），從三年級開始寫課程評量，一年過後就能預習下學期的進度。

▎善用計算工具

由於二年級下學期學過九九乘法表，所以三年級的孩子是在熟練九九乘法表的狀態下，踏入活用九九乘法的階段，也就是說，會正式開始學乘法，而這不僅在日常生活中、在課程數學中也非常重要。

有的父母為了在日常中教導子女乘法的概念，會在吃餅乾時，用數餅乾教孩子乘法。乘法對大人來說並不難，但若每一次都用這種方法教導他們，小孩容易會有壓力，其實只要讓他們知道乘法是運用多次加法的神奇工具即可。

九九乘法表背得好，與會不會順利解開活用乘法

的題型是兩回事，所謂活用題目是指將日常生活中會接觸到的情境帶入計算題中。最具代表性的例子如以下圖表3-3所示。

學年	運算題目	活用題目
三年級	• $28\times6=$ • 5cm4mm= ☐ mm • $\frac{1}{5}$ 和 $\frac{1}{7}$ 中誰大？	• 一天看 15 頁的書，一週會看多少頁的書？ • 敏熙的同學花了一小時 30 分鐘練習運動比賽的項目，現在已經是上午 11 點 20 分，請問他從幾點幾分開始練習？
五年級	• $2\frac{3}{5}\times\frac{1}{4}=$ • $32\times0.17=$ • 請求出下列的平均。	• 宇宙家的冰箱有一公升的牛奶，宇宙喝了 $\frac{1}{6}$ 公升，弟弟喝了 $\frac{1}{5}$ 公升，請問牛奶剩下多少公升？ • 有一正方體的魔術方塊，所有邊長的總和是 144 公分，請求出單邊長的長度是多少？
國中	• 請完成（$2a+5$）－（$3a-1$）$=x^2+7x+10$ 的因式分解。	• 鹽水題目。 • 距離與速率題目。 • 銀行利息題目。

▲ 圖表3-3　小學、國中的運算、活用問題

　　雖然到二年級為止都能順利完成運算評量裡的題目，但為了可以在三年級起練習上述的活用題型，以及更進一步的寫應用、進階題型，請務必開始練習寫課程評量。

　　若孩子在一、二年級有練習運算等的數學教材，那麼可以選應用書作為三年級開始的第一本課程評量。三年級上學期「活用加法與減法」是重要的單元，可以測試小孩是否能馬上解出應用書的題目。另外，訂定評量是否符合學童的程度標準是70%的答題正確率。

　　如果應用書的正確率超過70%，大約能在三個月內完成一本書，接著再反覆練習進階書即可。若進階書的正確率也超過70%，下個學期便能開始寫進階書。

　　倘若應用書的正確率達50%到70%左右，可以搭配運算評量一起練習；若應用書的正確率不到50%，那就要先仔細寫基礎書。

　　這時爸媽若能聽取子女的想法，一同決定參考書的種類會更好。由於孩子會因成長而懂得更多，因此，比起糾結於現階段教材的難易度，不如根據每一個年級，一步步提高難度才是更為重要的。

　　我建議從國小三年級起做課程評量，不過要依據

之前的學習進展而定，如果之前完全沒有做過數學參考書，那麼可以先從基礎書開始，持續做到五年級時，就能一邊超前進度，一邊完成該學年的進階書。

三年級開始的每日進度是，寫兩章課程評量並整理錯題筆記，再追加兩章的運算參考書，這也是週末休息且不上數學補習班的學生們適當的學習量。依照之前推薦的參考書順序書寫，一年便可以完成兩本課程評量、兩本運算教材、兩本邏輯思考教材。

許多家長都害怕在家學數學會「走彎路」，但只要每天都有完成固定進度，就算在各種難易度不一的評量中錯誤百出也沒關係。

在此過程中，爸媽可能會發現，子女在寫低於自身程度的教材時，會出現不小心寫錯的境況；寫高於自身程度的講義時，雖然孩子面露苦惱的表情，但展現出堅韌不拔的一面，這些都是勇於挑戰錯誤的必經過程，我們只需要確認他們是否有完成每天的進度、養成學習習慣即可。

循序漸進完成參考書進度所累積出來的時間，是任何人無法輕易跟上的，計分的方式我已經在第 1 章說明過了（參見第 61 頁），而我也會在本章後段講述如

何整理錯題筆記。

倘若能做到規律的寫講義，課程評量就會漸漸超前學校進度一個月、兩個月，這時間點正是選擇進階教材的好時機。在多出來的兩個月時間裡，原本在做基礎書的人便可以做應用書，而原先做應用書的人也可以寫進階書。

不需要擔心自己目前參考書的程度，因為學數學是持久戰，只要以每升上一個年級提高一階評量的等級為目標即可。只要有用心、認真在寫講義，就能在六年級時，追上比自己早一步開始讀數學的同學。

▌不要超前，但要預習

本書第3章後半會完整提及「超前」的概念，不過本小節會先稍微提及，是因為這一時期不應該想著要超前進度，而是先培養預習的好習慣。

所謂預習，是事先學習明天或是下學期要學的東西，念下一個單元是預習、研讀下一個學期課程也是預習，**而超前是指預先學習超過一年以上的進度。**

需要超前的時間落在國小六年級暑假，並以超前

國中一年以上進度為佳。而在三、四年級階段只要預習就可以了。

　　有人會問：「六年級時，若要提前學習國中進度，是不是該從三年級開始就先規畫？」其實不是這樣的。**三、四年級是第一次接觸進階書的時期**，這時如果能仔細寫題目，且培養出能解進階題目的能力，到了五年級寫進階書時，就能加快速度。

　　「用進階書預習」是學數學的終極目標。開始寫進階書的第一年會很辛苦，但那之後就會產生耐心與毅力。再者，進階題型會反覆出現，所以只要認真做好一本講義，且整理錯題筆記，就能增加經驗值。

　　預習是按部就班的寫基礎書或應用書，現行則是按時完成進階書，幾個月過後就能夠用進階書預習。前段班的學生可以在四年級下學期，提前做五年級上學期或五年級下學期的進階書。

　　我家三個孩子都是以這樣的進度學習數學。如果在三年級時開始寫進階書，從四年級第一學期起，就能寫五年級的應用書。

　　每個家庭的價值觀都不同，對於學業的標準也不一致，有些家長可能會認為：「怎麼才領先一學期的進

程，大峙洞補習班在這階段早已進入國中數學的教程
了！」、「現行的進階書都已經很難了，怎麼可能還用
進階書預習？」

到了五年級，許多學生在數學這一科遭遇難關，
這時父母可以追加一本複習用參考書，並隨著孩子的程
度做調整。如果覺得小一、小二寫課程評量還太早，那
麼可以延到三年級再寫也沒問題。

還有，孩子本人也需要做好加深講義難度的心理
準備，因為狂寫基礎書是沒有意義的，爸媽要時時關注
目前他們的進度才有可能不落於人後。

如果孩子的進度快上一年，可以嘗試挑戰進階
書。進階書的種類也相當繁多，我協助我家大女兒以在
家學數學的方式寫評量，她到了四年級時，就已經能做
到五年級下學期的講義了，不過，卻因為去做了補習班
的程度測驗後，而全數喊停。

小孩開始做該學年的進階書時（一天寫一頁），
或許會因為趕不上進度而感到沮喪，但在完成之際，就
能感受到自己真正的實力，也會覺得應用書變得簡單。

許多專家都異口同聲的說：「**不要超前、要預習！
進階才是真正的實力！**」

▍孩子說，補習太累不想去？

「讓國小三年級的子女去上數學補習班？」這一時期的孩子有著炯炯有神的雙眼，也一定會有人能夠帶著這樣的眼神順利通過大學入學考試，但我真的覺得強迫他們在三年級前完成所有進階教材很可憐。

小一、小二可以解出超進階教材的學童，到了小四、小五照樣能「答題如流水」。只要讓低年級的小孩學得開心，就能累積四、五年級同時做超前與進階參考書的能量，因此請家長們不要過早折磨孩子。

接下來我想針對三年級是否該上補習班的部分，分享幾個育兒夥伴的擔憂：「如果小孩現在不跟上別人的腳步，到了五、六年級時，補習班拒收該怎麼辦？」、「我不是數學系畢業的，總覺得我無法教導他們，而感到很不安。」

各位一定都有曾過相似的煩惱，雖然父母會陪同子女寫評量，卻不知道自己的做法對不對，因而陷入該不該去補習的兩難之中。但我認為多數家長都過於恐慌，在還沒有機會徹底評判小孩的數學能力之前，請先不要妄下斷論他們必定跟不上他人的腳步。

　　大家想，大型數學補習班若不收五、六年級學生，肯定會倒閉。我雖不建議父母親自教孩子高中數學，但國小三年級的數學，確實是有辦法透過在家寫講義學習。

　　那麼，該在哪個時間點去補習班比較好？以下列出四個時機供大家參考。

　　第一階段：開始在家做評量→和爸媽吵架、產生挫折感。

　　第二階段：戰勝挫敗感後，培養專屬於自己的每日讀書慣例。

　　第三階段：規律寫參考書的進度，並提高教材的難易程度。

　　第四階段：當學習分量達到一天兩小時以上時。

　　若小孩已經養成自主學習的習慣，正是去補習班的好時間點，當然，也可以在日後有需要時再去。

　　送低學年孩童去補習，可能會在上述的第一階段放棄數學，再者，如果在這時期去補習班，孩子當真能迸發出一天上兩小時課程的能量嗎？

　　補習班最大的效能就是出作業，**補習的重點不在於上課時間多寡，而是需要不斷絞盡腦汁的解題，所以補習班會給很多功課。**可以全數寫完作業的孩子，實力一定會有所提升，但如果寫不完，就等於是在幫補習班付電費而已。

　　若孩童在家裡都無法在父母的陪伴下好好學習，必然也難以負擔補習班出的功課，更不太可能在報名之後，一夕之間產生每天能練習兩個小時數學題目的能力，反而會導致反效果。

　　學童內心如果產生了「補習班出的題目好可怕」、「補習讓我好累」的想法，建議還是不要補比較好；如果覺得：「比起在家做兩小時的數學，補習班的作業是根本小菜一碟。」那麼可以嘗試去補習看看。

　　目前而言，我打算先在家好好教導子女，等到他們高中時，再為他們選擇好的數學補習班。在這之前，我會先為小孩打好基礎，並使其感受到這學科的樂趣。不論是國小高年級或是國中，當孩子準備好之後，就可以去補習了，且他們也會覺得：「真是來對了！」

〈數學自信心〉
活用「加法、減法」的任意數問題

「活用加法與減法」是三年級上學期的單元，讓我們來看看其中最具代表性的任意數題型。

題目一　任意數加上12，但因為計算錯誤而減了12，最終得出36這個答案，請求出任意數與原本答案的總和。

題目一解答：首先，必須先練習建立公式。任意數－12＝36，因此任意數為48，原先的答案為48+12＝60，而這個題目要問的是，**任意數48與原本答案60的總和是48＋60＝108。**

許多小孩會不假思索的填上48或60，這是沒有看完題目就作答的大忌，我想整本參考書中錯誤率最多的便是這部分，爸媽也能藉此知道自家孩子的程度。

上述這個題目尚可以做一點變形。

> **題目二**　任意數加上 12，但因為計算錯誤而減了 12，最終得出 36 這個答案，請求出任意數與原本答案的相乘結果。

　　題目二解答：最後將兩數相加改成相乘。**48×60 ＝2880，正確答案為 2880**，這是結合加法與乘法兩個單元的題目。

　　最近，韓國學校從期中考、期末考改為單元考試，也就是說，學完一個單元後，馬上就進行測驗。但其實這樣不太適合用來判斷學童的記憶力、應用能力與思考力，我認為最少也要學完三個單元後再進行考試會比較好。

　　從這點來看，過去因採用鑑別度較高的期中考與期末考形式，因此可以真正測出孩子的實力；一旦孩童習慣了單元測驗，等到上國中要考期中考時，就會遇到難關，而這也是必須在家裡寫評量的重要原因之一。

〈數學自信心〉
相較於超前，適齡發展更重要

當小孩還小時，父母能24小時陪著子女，因此可以隨時照看他們，讓他們就算在高處爬行，也能不害怕的朝下方揮手。

大人們總怕小孩受傷，所以會不斷教導他們如何安全的從高處下來。當孩童第一次順利的自行爬下床時，我們會拍手叫好，並想著：「真聰明！」

孩子拿掉安撫奶嘴後，邊哭邊挖垃圾桶；自己跟老公講話時，小孩突然迸出「遊樂園」一詞；不會說話的孩子從玄關拿著鞋子走進來；孩子在童話書中看到蘋果後，搖搖晃晃走去白板上拿蘋果造型磁鐵……會覺得孩子閃閃發光，父母們一定都曾經想過：「我的寶貝真聰明！」

但在這段育兒的歲月中，總會出現美夢破碎的瞬間，我也是如此。尤其是在教孩子數學時，雖然會看到他們耀眼的瞬間，當然也有忍不住唉聲嘆氣的時刻，最常出現的情況是，剛寫過相似的題目，卻又再次犯錯。

仔細想想，我家孩子確實在穩定成長中，不僅幾乎都能理解數學課本與習作上的概念，也不曾提過數學很難、很辛苦。

韓國小四生的數學成績排在新加坡與臺灣之後，位居全世界第三名，若孩童不覺得學校課程難，那就表示他正在順利的長大。

可是為什麼當子女全數答對習作裡的題目時，我們卻不會想說「我家孩子真聰明！」呢？明明小孩還小時，他的每一步都讓大人們感到無比開心，我想這應該是父母的期待與要求越來越高的緣故。

近來，總是會聽到有其他孩子在上國中前，就已經複習過好幾輪國中數學的進度，甚至於無視許多專家建議：「寒暑假時可以準備下一學期的課程，且最多超前一年左右的進度就夠了。」媽媽求好心切的心情，早已與孩子的距離越拉越遠。

所謂超前進度是只有完善現行學習才有意義。而若要使現行學習日臻完備，就必須做課堂外的各類題目，且要認真思考，總歸而言就是要寫評量。

寫一本普通的參考書要花多久？我家小孩不論再怎麼快，最少也要花費兩個月，也就是說，包含運算教材

在內，一年寫完6本評量。這真的不是每個孩子都能做到的事，但必須實實在在完成國小數學的學習計畫，才會在學到概念的同時，養成讀書的好習慣。

當孩子順利的完成習作，並在一學期內寫完兩本評量時，請務必給予真心的讚美，不要只是一味跟隔壁家的小孩比較。

這世上確實也會有學童能在四、五年級時，就超前到國中數學的進度，且還能挑戰進階題型。但事實上，那不是他們本身資質好，而是他們整個國小階段都在不斷寫題目。如果孩子自己願意做評量，那自然是沒問題，但大人們真的有確認過小孩的個人意願嗎？

給完成今日進度的子女一句鼓勵的話，在他們寫完、寫對習作的答案後，給予大大的稱讚，這正是在家學數學的開始。

3 四年級，
認識位數與圖形

下面圖表3-4統整出小學四年級會學到的單元。

學年	主要概念
四年級上學期	• 大數：唸出大數，10000（一萬）、100000（十萬）、1000000（百萬）、10000000（千萬）、100000000（億）、1000000000000（兆）。以10000（萬）為基準，十萬是萬的幾倍、千萬是萬的幾倍。 • 角度：直角、估算角度、三角形的三個角總和是180度、四邊形的四個角總和是360度。 • 四則運算：複雜的乘法與除法。 • 平面圖形：在方格紙上畫出、翻轉平面圖形。 • 直方圖：直方圖的特徵與畫直方圖的方法。 • 找出規則：數列表。
四年級下學期	• 分數：相同分母的分數相加法與相減。 　舉例：$\frac{2}{4}+\frac{1}{4}$。 • 三角形：銳角三角形、鈍角三角形、直角三角形、等腰三角形、正三角形。

（接下頁）

四年級 下學期	• 小數：小數的概念與小數點的位置、比大小、運算、有進位、退位的兩位數小數的加減。 舉例：0.43–0.37。 • 四邊形：平行四邊形、菱形、直角四邊形、正四邊形、梯形。 • 折線圖：折線圖的特徵，以及如何畫出、預測折線圖。

▲ 圖表3-4　四年級的數學課程

　　若讓子女從三年級開始寫課程評量，就可以預估自家小孩寫一本參考書所需的時間、應用書的答題正確率有多少等，而且還可以以到目前為止的學習成果為基礎，練習稍微進階一點的教材。從四年級起，在寫數學題目時，一定要練習寫下公式、運用該公式解題，並同時整理錯題筆記。

▌位數的概念

　　四年級上學期的「大數」單元，也是我家孩子覺得最困難的部分。其實我也無法看一眼就唸出超過一億的數字，如果要匯出以百萬元為單位的金額時，也都會

從個位數字開始確認。

「大數」這一單元是要學習與日常生活相關的位數，課本先是介紹一千這個單位，並依序講解一萬、十萬、百萬、千萬、億、兆，不會要小孩相加或相乘十萬數字、百萬數字，目的是要他們學習位數的概念。

> 1000的100倍是100000
> 1億的10000倍是1兆

這裡最大的提示就是0的個數。**1000的100倍是1000×100**，兩數相乘就是將0的個數加起來，這樣1的後面會有五個0，也就是10萬。

同理，100000000（1億）的10000倍就是100000000×10000＝1000000000000，也就是說一億的10000倍即為一兆。當兩數相乘時，可以將所有的0相加起來便能得出解答。

但這也有容易出錯的例外。在20×50的例子中，2與5相乘是10，而這個10的0也必須計入，相當於10後面要有兩個0，所以答案是1000。

下頁圖表3-5是四年級上學期課本中的填空題，用

圖形呈現可以很容易理解這個題目的原理。

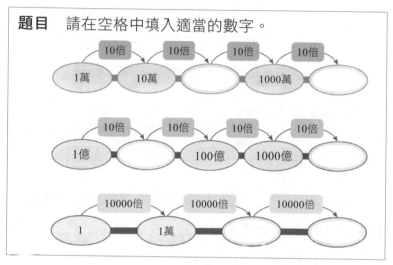

題目　請在空格中填入適當的數字。

▲ 圖表3-5　用圖說呈現位數的概念

　　我在教大女兒時，起初覺得她年紀還太小，不太願意直接提及金錢的事，所以有用餅乾或果凍等零食代為說明過百元的單位，卻沒有教過她生活中會用到的一萬元、五萬元與百萬元的估算。但是，在看到「大數」單元後，我開始積極在二女兒、小兒子的面前提及這些數字，或許就是因為這樣，小兒子才會對數字最為敏銳、最感興趣。

▌「定義」與「活用」圖形

四年級下學期分別有三角形、四邊形、多邊形等單元，這是小孩第一次接觸圖形，我認為這時可以讓他們深入學習各種圖案，就算超出這個年級的概念也無妨，或許孩子的理解範圍會比我們想像的還要多。爸媽可以讓子女透過看學習漫畫、寫邏輯思考教材，或是觀賞電視上的教育類節目等，學到圖形的定義。

到了四年級，就算還不是很清楚圖像的原理，也稍微知道斜角與畢氏定理等的超前概念，雖然運算可能很無趣，而圖形卻能讓孩子興奮的說出：「這個我會！」總之，不論孩童答對、答錯，都不會對其產生太大的負擔。這時家長可以找機會稱讚小孩，或許還可以給他們取一個圖形博士的封號。

下頁圖表3-6整理出來的內容稱為系統數學，與學年無關，是將同一主題中可理解的範圍一次列出並學習。這對於圖形是可行的方法，但系統數學未必適合整體課程。

課程 主題	四年級 上學期課程	五年級 上學期課程	七、八年級 課程
三角形	• 以角度為基準分類（銳角、鈍角、直角三角形）。 • 以邊為基準分類（等腰三角形、正三角形）。 • 三角形的內角和是180度。	• 三角形的寬（底×高÷2）。	• 繪製三角形。 • 三角形的全等性質（SSS、SAS、ASA）。
四邊形	• 垂直線、平行線的意義。 • 梯形、平行四邊形、菱形、直四角形、正四邊形的意義與性質。 • 四邊形的內角和是360度。	• 正四角形、直四角形、平行四邊形、菱形、梯形的周長與寬。	• 平面與直線的位置關係、空間中兩個直線的位置關係、空間中直線與平面的位置關係、同位角與斜角、平行線的性質。
多邊形	• 多邊形的意義與性質。 • 正多邊形（正五邊形、正六邊形、正七邊形等）。	• 多邊形的周長與寬。	• 多邊形的邊、頂點、內角、外角。 • 多邊形的多角線個數是 $\frac{n(n-3)}{2}$。 • n邊形的內角和是180×（n-2）。

▲ 圖表3-6　小學及國中的圖形概念

　　圖形分為「定義」與「活用」兩階段，學了各種圖案的定義之後，就要寫相關的活用問題，而這些題型

會出現在應用與進階評量中。

　　四年級時，可以依據系統數學，確認孩子對圖像的理解程度；如果自家子女特別喜歡圖形，或是預習時間已經超過六個月以上，可以在放假時寫圖像參考書，我認為這是讓小孩擁有數學自信的訣竅。

　　下列圖表3-7是活用題型中，最具代表性的摺紙題目。做這道題時，必須記住摺疊部分的角度要一致。依據各種問題所給予的條件雖會不同，但只要出現摺紙題型，一定要先從摺起來的部分開始確認，並標示相同處，可以說是在寫評量的同時，也學會了解題的技巧。

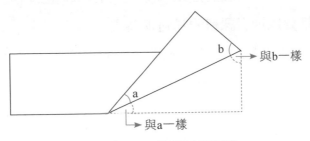

▲ 圖表3-7　摺紙活用題型

　　七年級下學期的基本圖形單元、八年級下學期的三角形性質單元等，都會反覆出現摺紙題型，換言之，若國小有做過進階題，這樣的經驗就可以延續到國中。

低學年時：邏輯思考數學教材；高年級時：應用、進階評量；國中時：題庫書。

孩子越大會越有毅力，思考能力也會逐步成長，國中數學雖出現生疏、新穎的原理，不過概念雖新，但題型會重複出現。在寫國中題庫書、應用書時，若是遇到國小階段就已經寫過的題目，小孩便不會覺得很難。**因此，盡可能在相對有時間的國小時期，儘早練習寫進階問題會比較好。**

每個學生開始著手的參考書難易度都各異，然而，學習的核心不在於評量難度，而是能否有毅力持續學習一年。三年級若是以寫課程的應用題型為中心，四年級就要以練習課程的基礎書為主。

基礎書大約是學校數學習作的程度，書寫時，必須練到快速、不出錯的地步。當然這對剛開始在家中學習的孩子來說，並不是一件簡單的事，但父母必須以提高下一個學年參考書難易度為目標，引領子女持續練習下去。

三年級暑假或四年級上學期時，若開始寫基本評量，四年級下學期就可以試著挑戰做邏輯思考教材，暑假時也可以嘗試練習五年級的應用書。

　　三年級暑假寫過基礎書的學生，在歷經一年充實的寫基本參考書的過程後，到了四年級下學期時必定有所不同，如此一來，下一學年就可以挑戰應用書。此外，若是覺得應用書太難，也可以再次回到基礎書的程度。**目標與進度都可以隨時進行修改，唯一要遵守的就是每天規律寫評量。**

▌協助孩子自己訂目標

　　到國小四年級這個階段，爸媽已經可以確切看出子女們的學習個性——認真且有求知欲、念書沒有毅力、害怕數學、對數學有自信……不論自家的小孩是哪一種情況，父母都會很清楚了解。

　　然而，不能就這樣斷定孩童的讀書狀態。就我的經驗而言，小孩在小五、小六時會急速的成長，反倒是到了國中青春期階段，會變得很愛睡覺、也會變得懶惰，成績還可能會退步。**總歸而論，四年級是有著極大的翻轉空間、發揮擅長優勢的一年。**

　　四年級是介於低年級與高年級之間的中年級，也是同時擁有低學年與高學年特質的時期。

　　小四孩童雖然會自主念書，但確切並不知曉自己的努力會產生什麼樣的結果。我與自家小孩在這一時期的對話相當單純，粗略給他們訂**一個短期目標，讓他們覺得那是自己想要的方向，而父母必須在旁邊協助子女設定與執行計畫，這時的重點是賦予自主性。**

　　「你覺得現在寫四上的參考書很難嗎？」、「你想要什麼時候寫四下的評量？寒假好嗎？」、「四下的講義中，你感覺哪一個單元最難？要看一下目錄嗎？」、「四下會有分數的加減，你要先試著自己算算看嗎？還是想要慢慢寫進階教材？」

　　父母可以透過上述對話，表現出關心子女的數學學習進度，也讓小孩了解到，爸媽不僅知道你很聰明、有毅力，且還懂得你的優點在哪。給孩子一個相信自己能念好書的信念，這樣一來，等孩童長大後，將會成為很棒的大人、會成為能完成交辦任務的大人。

　　孩子在 3 歲時，會無端躺在玄關並鬧著不想穿鞋、會有莫名其妙的固執，有些父母會予以等待，有些則會直接將其抱起，並放到嬰兒車或腳踏車上。

　　我是等一、兩次後，就會對子女發脾氣的媽媽，但我在育兒相關書籍中學到，當小孩出現堅持己見的行

為時，爸媽可以試圖移轉他們的注意力。

當子女處於會在玄關耍賴的時期，我學到的是，可以在孩子開始哭鬧不願意穿鞋之前，讓他們選擇是要穿白色運動鞋還是黃色涼鞋；當小孩說不想喝牛奶時，可以讓他們選擇是要塑膠杯還是吸管杯，如此一來，孩子會忘記原本的不開心，思索著要如何做選擇。**換句話說，在大人可以控制的情況下，盡可能的給予選擇權與自主權。**

同理，不斷要求孩子讀書，只會讓他們與學習漸行漸遠。低學年時，雖說也需要讓孩童念書，但其分量總不能太多，且須以運算教材為主，並透過父母的鼓勵與引導完成進度。

不過，到了四年級，光是學校的課程評量就已不容小覷，若沒有自我學習動機，便難以維持規律寫參考書的習慣。如果孩子沒有明確的學習信念，大人就需要幫忙設定策略。

小孩本身則要自主建立目標，並將目標貼在醒目的地方，或是寫一張待完成清單，讓自己感受到每天都有一點變化。當清單上的項目都一一達成後，便能感覺到成就感所帶來的喜悅（參見下頁圖表3-8和3-9）。

孩子的清單	父母的清單	
四年期上學期基礎書兩章	讀完剩下的半本小説	
四年級下學期運算評量兩章	整理小房間的抽屜	
聽英文	做兩道小菜	
寫學校作業	走一萬步	
跳繩	不生氣	

▲ 圖表3-8　大人及小孩的待辦清單1

孩子的清單	父母的清單	
四年級上學期基礎書兩章	閱讀世界史的書	
背英文單字	打掃	
寫寫作本	煮湯	
寫學校作業	走一萬步	
騎自行車	不生氣	

▲ 圖表3-9　大人及小孩的待辦清單2

▍補習班的數學程度測驗

採用居家學習的周邊朋友，都會讓子女去幾間大型補習班參與數學程度測驗。這項檢驗雖然需要支付約一、兩萬韓元（相當於新臺幣500元），但因為可以得知孩子目前的程度，所以非常值得。與此同時，我認為這也是一個能讓小孩感受一下大型補習班氛圍的機會。

開學前去參加補習班舉辦的測試，會看到許多孩子在同一空間認真的寫著同一份考卷，跟在學校的考試氛圍完全不同，也能讓孩童領悟到「其他人都如此認真念書」。

近來，我的小孩去參加測驗時，獲得的最大教訓就是──考試時間分配，大女兒和二女兒在家寫題目時，每一題都會花很多的時間去思考，但在大型補習班的考試中，25題的數學問題必須在1小時30分鐘的時限內完成。

若是以大人的角度看來，5題基本運算題10分鐘內可完成，其他基礎題目也可以在不出錯的情況下，於20分鐘內完成，應用與進階題型則值得花1小時以上解題。但我家小孩一想到是考試，就會更仔細的書寫，導

致根本寫不到進階題目，考試時間就結束了。

在接到測驗後的諮詢通知電話時，孩子真的非常難過，內心也會想著：「明明都會，只要多給一點時間就能寫完。」不過，時間分配也是考試實力之一，畢竟一直都是在家學習，因此難以在既定的時間範圍內寫完很多題目。

同時能擁有深思熟慮的解題能力與快速答題的能力固然很好，但若只能選擇一種能力，你會如何做抉擇？我會選深思熟慮的解題能力。

我家孩子依舊在家寫評量，並仔細確認錯題，也會為了準備將來可能會去補習班，而設定一定的時間練習題目。練習的基準是進度，需要仔細思索何時做進階題目、預習或超前等，而現行進度、現行複習的部分，則是需要考量練習的速度。

就算不是時間分配的問題，在歷經大型補習班的等級測試並接受諮詢後，也會讓大人們知道小孩目前的學習狀況，以及沒有注意到的部分。因此，我建議讓孩子一學期進行一次測驗，也推薦去不同補習班接受測試，不需要為此對補習班感到抱歉，畢竟已有支付適當的檢測費用。

　　況且，從補習班的立場來看，他們會有更多比較
與參照的對象。就算這個學生當下沒有報名，只要補習
班讓學生家長留下好印象，在未來就有機會成為該補習
班的客戶。

〈數學自信心〉
四年級的除法問題

> **題目一** 下列除法公式中，□內的數字是什麼？
>
> $$5 \square 25 \div 209 = 25$$

> **題目二** 下列除法公式中，商數是25，請求出下列未知的□內的所有數字。
>
> $$5 \square 25 \div 209$$

解答：題目一的答案是2，題目二的答案是2、3、4。這是活用$5225 \div 209 = 25$這一公式的題型。

題目一是應用題型，就是直覺的解方程式，用25×209就可以簡單得出解答。題目二看起來與題目一相似，但其實是進階的題目，必須理解除法的商數與剩餘的概念，才能夠答題。剩餘的數不可能比除數還大是一大提示，因此必須先解出題目一後，才能接著解出題目二。

首先，當剩餘數字是0時，就是$209 \times 25 = 5225$，

因為剩餘數不可能大於除數，所以一定比 209 小，也就是商數 25 可以當成條件，5 □ 25 必須比 5225 + 209 = 5434 還小才行。

在寫基礎書時，會說明商數與餘數、除數與被除數，但是光懂概念是無法寫進階題的。只要解決應用書中寫錯的題目，某程度就能解出進階題型。

數學成績的高低真的是憑寫多少題目而決定的，更重要的是，找出適合自己的評量，且要每天固定、規律的書寫才行。

4 五年級
開始接觸因數與倍數

圖表3-10整理出國小五年級需學習的單元。

學年	主要概念
五年級 上學期	• 自然數的混合運算。 舉例 42+（23-19）×5。 • 因數與倍數：理解因數與倍數、公因數、最大公因數、公倍數、最小公倍數。 • 規則與對應：從給予的數字中找出規律。 • 約分與通分：分數的約分與通分、最簡分數、兩分數通分成相同分母之後比較大小、將分數的分母化為10或100後改為小數。 舉例 $2\frac{1}{4}=2.25$。 • 分數的加減：不同分母的帶分數相加進位、相減退位。 舉例 $5\frac{1}{3}-3\frac{1}{4}$。 • 多邊形的周長與寬度：一平方公分（1cm²）與一平方公尺（1m²）是面積的單位，可以求出平行四邊形、三角形、菱形、梯形的面積。

（接下頁）

五年級下學期	• 數的範圍與估算：以上、以下、超過、未滿、無條件捨去、無條件進位、四捨五入。 • 分數：分數乘法、三個分數的乘法；帶分數轉換為假分數後，分子乘分子、分母乘分母。 　舉例 $2\frac{1}{5} \times 4\frac{3}{4}$ • 全等與對稱：全等、對應點、對應邊、對應角、線對稱圖形、點對稱圖形。 • 小數的乘法：小數改為分數、比較小數與分數大小、小數點的位置。 　舉例 1.143×0.37。 • 長方體：圖形的空間概念、長方體與正方體的示意圖與展開圖。 • 平均與可能性：平均的概念，與事情會發生的可能性。

▲ 圖表3-10　五年級的數學課程

　　我們目前使用的加減乘除等所有符號，都是進入近代社會後，數學家們所制定的規範。五年級數學多了幾個新登場的規則，若想熟悉這些概念，只要熟讀教科書上的說明即可。

▌因數、倍數與通分

　　五年級數學很重要，且有一定的難度，但父母們

不需要過度擔憂。如果孩子五年級上學期「因數與倍數」單元的答錯比率，與其他單元相比差異不大的話，就說明他們可以學好小五數學。

　　錯題率的基準就是前一章節說過的70%答題正確率（參見第131頁），基礎書、應用書、進階書也都是以70%為基準。「因數與倍數」單元的難度較高，因此若該單元正確率超過70%，可以使孩子在做評量上更具信心。

　　倘若爸媽希望孩子的答對率落在50%到70%之間，就需要考慮這本參考書是否適合他們。但請記住，一定要讓小孩掌握選擇講義的主導權，讓他們決定要集中心力寫這本評量，想辦法達成70%的正確率，並完全征服整本書，抑或是因為錯誤率過高、題目太難，而想選擇其他難度較低的評量。

　　若五年級基礎書的正確率在50%以下，可以先暫停寫基礎書，改做一學期的運算教材。如果一直都有規律的寫運算評量，就可以跳過自然數的混合計算，直接從因數與倍數這一單元開始寫。因數與倍數的概念很重要，而分數則是著重於運算能力，如果能奠定運算基礎實力，五年級的數學就會變得容易。

　　如果五年級應用書的正確率是50％以下，要重新再寫一次基礎書，不過其關鍵依舊在於是否有按部就班做練習。若有循序漸進做有分數單元的學習評量，或是先前已經寫過五年級的運算教材，那麼就能從題庫書開始著手。

　　倘若五年級進階書的正確率在50％以下，可以回頭寫基礎書或應用書。五年級的數學很重要，可以比其他年級再多寫一本評量，這一時期如果能打好基礎，六年級數學就會變得較為簡單。另外，如果應用書的正確率達70％以上，下一次放長假時，就可以再次挑戰五年級下學期的進階書。

　　在此過程中，都必須讓小孩在寫講義當天，確認自己做錯哪一題，完成一個單元時，也要再寫一次之前寫錯的題目。然而，不要因為做錯的題目多，就一直反覆練習「因數與倍數」的單元，「最大公因數與最小公倍數」也是相當重要，其概念會反覆出現在之後的「分數的通分」，也會再次出現七年級上學期「自然數的性質」單元中。學了分數的通分後，就能領悟到「原來最大公因數與最小公倍數是這樣用的啊」！

下列是最大公因數的概念應用題型：

> **題目** 36與任意數的最大公因數是18，那36與任意數的公因數有幾個呢？

　　解答：首先先求出36的因數，**36的因數有1、2、3、4、6、9、12、18、36**。36與任意數的最大公因數是18，所以36的因數中也有18，因此**任意數是18**。而18的因數是1、2、3、6、9、18，所以36與18的公因數分別是1、2、3、6、9、18，得出共有6個公因數。

　　以最大公因數與最小公倍數的概念出題時，問題的難度雖然不高，但學童就會覺得很難，不過，若將最大公因數與最小公倍數當成工具，運用在分數的通分中，就不會覺得它有難度。

　　因數與倍數原先就是一種運算工具，且會一直重複使用，即使現在覺得它很難，日後也一定會迎來「啊哈！」的理解瞬間。不論題目再怎麼刁鑽，都可以先完成五上的內容，等到複習階段時，就會覺得輕鬆許多。

　　爸媽可以精選其他評量中的「因數與倍數」、「約

分與通分」、「分數的加減乘」，並讓子女再做一次這幾個單元的題目，因為**五年級上學期最重要的關鍵就是反覆學習。**

▌分數的加、減、乘法

我家二女兒剛升上四年級時，就超前五年級的數學進度，當時剛好碰上新冠肺炎疫情而無法去學校上學，故而三、四年級這兩年就一直待在家裡做評量。

然而，我卻在某一時間點發現了她的「學習漏洞」，也就是說，父母雖覺得小孩的進度持續向前，但他們好像有聽沒有懂，那就表示出現了「漏洞」。

如果都寫到五年級下學期的進階書，且連同答錯的部分也一併完成訂正，可是仍在「分數的加法」上出現錯誤該怎麼辦？這時要先停下超前的腳步，再次集中複習分數的加、減、乘法，以及自然數的四則運算。

這一刻我才明白，超前一年以上進度的情況下，孩子的腦中就會一片混亂。事實上，不只因數與倍數等一類的概念需要反覆練習，運算單元也是如此。

這讓我理解到：「一定會有需要超前的學年，但

短時間內不能快速寫到五年級的進階書！」如果時間倒轉且時間充裕，我會選擇讓子女從運算參考書開始做起，並徹底做好超前的準備。

分數的加法與乘法是完全不同的概念，五年級下學期學了分數的乘法後，就會覺得五上學的分數加減很麻煩，因為分母必須一一進行通分才有辦法相加減。

五年級數學雖然很難，但只要能順利計算，大部分題型都可以輕鬆解決。市售的教材中，不僅有四則運算，也有分數相關的運算講義。

五年級數學中的「分數運算」最為重要，最好能在四年級暑假時就先預習。

以五年級應用書為主要書寫對象的學童，多少都會有點野心，計畫著從五年級寒假開始要寫完五年級下學期的應用書與進階書。

五年級下學期是非常重要的階段，是從應用走向進階的關鍵時機，因此會排除以邏輯思考為基礎的教材，而是以更加熟稔學校數學課程評量，讓自己的程度能夠更上一層樓。

從寒假開始到暑假為止，要寫完五年級下學期的應用書與進階書並不是一件簡單的事，但這是可以執行

的分量，且**五年級也是可以全心投入念書的年紀**。

如果五年級下學期寫完課程應用、課程進階兩本評量後，六年級時就可以直接開始做進階書了嗎？其實這一階段需要熟悉各種教材，並持續累積每兩個月便完全征服一本參考書的經驗。

這時的孩子也長大了，學習時間可以從每天一小時，增加為每天兩小時，這樣的學習量與有去補習班的朋友差不多。

▋ 若答題正確率不高，又想寫進階題

國小數學根據教材的難易度區分為基礎、應用、進階，然而，這並不代表自家小孩寫了進階教材，其程度就是在進階等級，必須是在寫進階講義時，正確率達七成以上，且認真做錯題筆記，這樣才能說是──「正在做進階學習」。

本書不斷強調，並非所有學生都需要寫進階書，更沒必要從國小三年級起就做進階講義。如果每天都能規律完成應用程度的評量，當小孩寫的速度快上學校課程兩、三個月時，就可以選擇超前進度、或是做進階參

考書。

　　不過，到了國中階段，國小時曾做過進階參考書的學生，解題能力會相對較高，因此，最好能在五、六年級時開始做進階教材。

　　進階評量在大人眼裡看來，可能會覺得：「一定要寫這種題目嗎？」、「這明明用方程式解題就很簡單，為什麼要算得這麼辛苦？」但我們必須給予孩子解決問題的思考時間，讓他們不斷動腦研究。

　　在孩童可以自行解題，且答題正確率超過七成時，就可以不用擔心孩子無法適應這樣的學習方式，但如果小孩覺得很難、很辛苦，就必須停下腳步。倘若**正確率不到七成，卻又很想寫進階題型時，請採行寫前一學年進階書**，這對孩子會有所助益。

　　萬一進階教材的錯誤率超過五成，不論是超前進度、現行進階等，都很容易讓父母、子女覺得疲累，進而導致放棄數學，因此還不如持續寫應用書，並維持正確率七成的進度為佳。與此同時，可以選擇做前一年級或上學期的進階書，嘗試看看能否提升正確率，無論如何，寫評量一定能提高實力。

　　只要認真寫完一本進階評量，並整理出錯題筆

記，便可以縮短下一回寫進階書的時間與努力。因此，家長們可以採用現行與預習的方式先完成應用書，或是做前一學年的進階書，使孩子到了五年級之後，能有完全征服進階教材的經驗。

▋ 找到必須學習的理由

五年級是自行領悟到「我為什麼要讀書？」的時期，學齡前跟低年級時期的學習是與爸媽的被動約定，且還沒有產生「今天的學習會給未來帶來什麼影響」的動機。

但孩子到了五年級時，開始會知道自己最擅長的是什麼，並能具體說明自己將來的志願，也能懂教室裡會念書跟不會念書的同學之間的差異，還會好奇同學都去了哪家補習班，甚至會說：「○○○已經學到國中數學。」孩子除了逐漸開始意識到周圍的情況外，也會將周遭的人拿來與自己做比較，這是很自然的現象。

五年級起，會開始產生面對現實的能力，但進入國中階段後，面對現實的態度會變得消極、負面。國中時，會清楚的知道自己的樣貌長相、家庭環境、成績好

壞等，比起自己已經擁有的，更加渴望自己所沒有的事物。若能成功度過並克服青春期的各種情緒，就能具備挑戰精神，並成長為明事理的大人。

因為五年級尚未邁入青春期，所以在面對現實時，還不會產生挫折感，也不會心生怨恨。

五年級學生表面上會說：「哎，我不會寫這種評量。」但內心會想著：「我一定可以成為很優秀的人。」重要的是，父母能否提供子女具體的學習方法，不是嘴上光顧著要他們用功讀書，而是**可以與孩子一同建立學習目標**。

以下是設定目標的範例：

短期目標（以一天、一週為單位）：
• 每天寫邏輯思考評量兩章、運算教材兩章。
• 本週完成邏輯思考評量單元三。
• 本週完成運算教材到第〇〇頁。
• 下週寫完邏輯思考評量單元四。

中期目標（以一個月、一學期為單位）：
• 九月要完成五年級下學期的運算教材。
• 五年級寒假要寫六年級〇〇參考書。

- 六上要完成國小習作，寒假起寫國中運算講義。
- 完全做對上、下學期的數學單元評量。

最終目標（不是職業，而是可實踐的目標）：

- 我要成為研究汽車的人。
- 我要成為教學的人。
- 我要成為能自由旅行的人。

　　我喜歡計畫，並把計畫做成圖表，以找出問題解決方法，這樣的習慣也或多或少反映在我的家庭生活中，影響了我們家的經濟狀況、孩子的學習問題、未來的家庭規畫等，就連單純的週末要怎麼過這一類平凡的日常事情，我都會「按表操課」。

　　建立計畫時難免會有些壓力，但在實行短期目標時，就會感受到熱情的每一個瞬間，接著就能逐步走到中期目標，也能讓子女看到從小小計畫開始實踐的人生態度。

　　父母可以協助小孩達成短期目標，換句話說，爸媽可以盯著子女執行短期目標。當孩子不想坐在書桌前用功時，能引領他們向前邁進的人正是大人們，同時也能提醒孩子完成今天所需的目標。

　　中期目標可以隨之調整，當一個學期結束，小孩並沒有達成中期目標時，父母可以找尋一些說法安慰子女，避免他們太過於失望。例如：「6月我們有家庭旅遊，而7月時因為你生病了，所以才不能完成這些目標。」、「雖然你有時有做到、有時沒有做到，但我們可以一起訂定往後必須遵守的進度！」

　　爸媽和子女共同努力的完成每一天、每一週、每一個月的進度，並且為了成就最終目標，一起奮力的向前跑。

〈數學自信心〉
五年級的分數及圖形問題

題目一　有某一任意分數$\frac{\square}{\triangle}$，分數$\frac{\square}{\triangle}$的分子與分母分別用6約分後，會變成$\frac{3}{7}$。請問這時的△與□的總和是多少？（△與□皆為自然數）

題目一解答：這題是透過約分後的分數求出原本分數的題型，所謂約分是分子與分母以公因數進行約分，只要了解約分的概念，就可以解出本題。

$\frac{\square}{\triangle} = \frac{3 \times 6}{7 \times 6} = \frac{18}{42}$，**所以 △ 與 □ 的總和是 18+42=60。**

驗算時可將$\frac{18}{42}$分別以6進行約分，或是以$\frac{18}{42} = \frac{18 \div 6}{42 \div 6} = \frac{3}{7}$進行驗算。

題目二　請從下列圖形中找出點對稱圖形，並做記號。

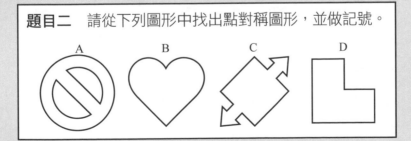

A　　　　B　　　　C　　　　D

題目二解答：本題的**答案是A與C**。所謂點對稱圖形是以任一點為中心，不論是順時針或逆時針方向旋轉180度後，依舊能與原本圖形完美契合。

這個題目可以延伸至線對稱圖形，所謂線對稱圖形是從中畫一條直線後，並將圖形相互對摺，依舊可以完美契合之意。題目所給的A、B、C、D選項皆屬於線對稱圖形，本題的重要關鍵在於能否找出對稱軸並畫出來，讓圖形可以完美對摺。

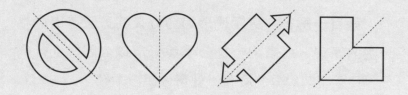

五年級數學的重點是：分數的約分與通分、分數的加法、減法、乘法，以及大公因數與最小公倍數，難度頗高。此外，代數問題，即利用數字與方程式解題的單元也不簡單，同時還需學習數的範圍、求平均、全等與對稱圖形等全新的概念。根據專家的判斷，認為五年級可以學會這種程度的思考能力，因此在家中學習時，必須找到符合自己程度的教材解題，並嘗試書寫各種不同的題型。

〈數學自信心〉
這題我會，但計算錯誤呀！

　　父母常常會這樣說：「小孩計算錯誤的情況真的很嚴重。」我家小孩也是如此。

　　與子女目前的年級無關，爸媽可以嘗試讓他們寫與自身程度相符的20題數學題目，並把答錯部分標上星號。計分前若只出現兩個星號標記，父母都可以接受，也會理解：「雖然這是已經學過的單元，但原來孩子還不熟這部分，所以這方面很弱啊！」

　　但若因運算錯誤，導致簡單的題目又錯了3題時，爸媽應該會很生氣，本來是能得90分的實力，卻在一瞬間降為70分，換做是我也會很難過。

　　一定也會有因為算錯而錯更多題的孩子，這時大人們還會說他們本來擁有90分的實力嗎？我想應該不會。父母必須使小孩再次投入運算學習才行，此外，念書的方式、專注的方法、解題的技巧等，也都需要從頭開始練習。

　　當不會的錯題與算錯的題目兩者比率差不多時，

只要每升上一個年級，情況就會有所改善。但若出現過多的計算失誤，即使目前孩童已是高年級學生，我也建議要從學習評量或運算講義開始做起，畢竟算錯會導致學習停滯不前，要努力將七個失誤降到三個、再從三個降到只有一個即可。

不論孩子的計算錯誤頻率是在正常範圍之內，重要的是，他們能不能在答題的過程發現：「我不小心算錯很多題。」

子女在父母面前寫題目時，經常會專注力渙散，但離開書桌後眼神就會變得炯炯有神。雖然聽到爸媽的嘮叨會覺得很煩，但能讓小孩再次思考自己的問題點。

當孩子每每算錯時，與其安慰他們說沒關係，還不如明確的告訴他們算錯會很吃虧，讓小孩明白：「我真的寫錯太多了，要振作起來才行。」當然，每位孩童在領悟的時機上都略有不同。

父母可以透過讓子女書寫運算評量，協助矯正計算錯誤過於嚴重的問題，並嘗試以每日兩章的學習量，使他們逐漸重拾自信心，直至失誤降至零為止。

如果全部答對今天做的兩章節進度，就可以跳過該單元，但若錯兩題就必須得追加兩章的分量，錯三題

則多做三章。這時，就算孩子「一哭二鬧三上吊」、或是會影響到當天其他課程的進度，爸媽也要堅持到底。

　　若這一回依然還是有算錯的問題，一樣要求孩子錯幾題就多寫幾章，而這真的是件不簡單的事（不論是做10章講義還是兩小時的學習量，父母都必須守住心中那道防線），一直到寫完10個章節為止。倘若兩小時後還是沒有完成，可以先讓小孩休息，隔天再繼續接著做。

　　最終目標是今天寫的兩章運算評量中沒有出現任何錯誤，當完全答對時，對孩子來說就能產生「我也能做到」的信心。而此自信心不是父母、老師說什麼，或是看了什麼書就能擁有的，這是要親身經歷過後才能獲得，當具備這樣的自信後，小孩對數學運算就會產生正向情感。

　　最好的方法就是規律的寫運算評量。為了不讓算數成為絆腳石，請維持著每天按部就班寫參考書的習慣，這樣即使錯一、兩題也算是情有可原。**這尤其是對覺得已全部學完運算課程的五年級與七年級孩童特別重要**，我認為此階段的父母應該要想著，至少還能從旁協助孩子、關注孩子、好好安慰孩子。

5 六年級，如何和國中數學銜接？

圖表3-11梳理出小學六年級必須理解的內容。

學年	主要概念
六年級上學期	• 分數除法：真分數÷自然數、帶分數÷自然數。 • 角柱體與角錐：角柱體與角錐概念、展開圖。 • 小數的除法：小數÷自然數、小數÷小數、不同位數的小數除法。 • 比與比例：比、基準量、比例、百分率、％、多種活用問題。 • 各種圖表：圓餅圖、帶狀圖。 • 長方體的體積與表面積：長方體的展開圖、求體積、體積單位$1000000cm^3 = 1m^3$。
六年級下學期	• 分數的除法：假分數÷自然數、帶分數÷自然數、真分數÷真分數。 • 小數的除法：小數÷小數、自然數÷自然數的商數會有小數。

（接下頁）

| 六年級下學期 | ・空間與立體：一立方公分（1cm³）體積的單位、立體空間、積木。
・比例式與比例分配：前項、後項、內項、外項、比例分配、鹽水與齒輪問題。
・圓的面積：圓周、圓周率、π、圓的面積。
・圓柱體、圓錐體、球體：展開圖與概念理解。 |

▲ 圖表3-11　六年級的數學課程

▊比與比例

下列是六年級上學期「比與比例」中，關於比例的定義。

> （比例）＝（比較的量）×（基準量）＝
> （比較的量）÷（基準量）
> 以10比20的比例出現的話，就會是1/2或是0.5。

以下是六年級上學期「比與比例」中，有關百分率的定義。

> 基準量100時的比例，稱為百分率。百分率的符號是%，
> 比例是85/100時，寫為85%，唸法為85趴。

　　從父母的立場而言，有定義的數學才是真正的數學。孩子必須能自行解釋上述這兩個概念，不是照著書上寫的背誦，而是能夠以口語的方式講述給爸媽聽，且要在寫應用問題之前就先確認是否通曉定義。而父母則可以用下列方式協助子女。

> 我們家有4個人，就只有媽媽姓金，所以我們家姓金的比例是多少？
> （答案是1：4，所以是0.25）
> 基準量是多少？（答案是4。）
> 百分率如何呈現？（答案是25%）

　　百分率是我們日常生活中常見的用語，用幾%的方式很好懂，但將基準量轉為100是除法的應用，可能會有點困難。

　　在「比與比例」的單元中，將兩位數÷三位數時，就會出現運算的「缺失」，而在家學數學最大的優點就是，當子女的評量出現過多錯誤時，大人們可以幫忙找出問題的所在。

　　進入六年級下學期前，請先確認1÷4或16÷256等此類的計算，能不能順利以直式除法解題。

① $1 \div 4 =$ ？

$$4 \overline{)1} \quad \rightarrow \quad 4 \overline{)\begin{array}{l} 0.2\ 5 \\ 1\ 0\ 0 \\ \underline{8} \\ 2\ 0 \\ \underline{2\ 0} \\ 0 \end{array}}$$

答）$1 \div 4 = 0.25$

② $16 \div 256 =$ ？

$$256 \overline{)16} \quad \rightarrow \quad 256 \overline{)\begin{array}{l} 0.0\ 6\ 2\ 5 \\ 1\ 6\ 0\ 0\ 0\ 0 \\ \underline{1\ 5\ 3\ 6} \\ 6\ 4\ 0 \\ \underline{5\ 1\ 2} \\ 1\ 2\ 8\ 0 \\ \underline{1\ 2\ 8\ 0} \\ 0 \end{array}}$$

答）$16 \div 256 = 0.0625$

　　六年級下學期會學到的「比例式與比例分配」，是六年級上學期「比與比例」的延伸。進階書中會結合上述這兩個單元，產生有深度的活用題型，也就是父母世代的學生印象最深刻、最痛苦的銀行本金與利息、鹽水濃度等問題。

　　國中數學中，「聯立方程式」與「活用不等式」

等的單元，也會出現使用未知數的應用題型。如果能在國小階段透過練習進階問題先熟悉，到了國中就能加快學習的速度，而「聯立方程式」與「活用不等式」也是八年級上學期的數學中，最重要的一個單元。

分數的除法

六年級上下學期都有教「分數的除法」。六年級上學期學的是**分數÷自然數**，而六年級下學期則是學習**分數÷分數**。

國小三年級學的是**自然數÷自然數**。舉例來說，8÷2=4就是八個珠子分給兩個人，所以一個人能分得四個珠子，這常見於實際生活中，也可以直接用圖示算出來。

不過，分數的除法難以用教具予以說明，雖然也不是沒辦法以實體事物呈現，但由於數字很大、需要很多珠子，有時甚至還會出現需要切割珠子，或是將一個人弄成 $\frac{1}{2}$ 人、$\frac{1}{3}$ 人的矛盾情況。

在計算時，要將除數弄成倒數，並將除號改為乘號，運算過程雖然較為容易，但大人們卻難以輕易說明

為何要這麼做。

第一次接觸「分數的除法」時，必須藉由課本上的圖片說明理解何謂分數的除法。下列是六年級下學期「自然數及分數除法」的部分內容。

將 $\frac{4}{5}$ L 的海水裝入一個空桶中，裝滿了 $\frac{2}{3}$ 桶」，接著將條件變更為自然數，如果 $\frac{4}{5}$ L 的海水裝滿兩桶，一桶的量就等於 $\frac{4}{5}$ L $\div$ 2。以上是六年級上學期分數除法的內容。

將題目所給予的 $\frac{2}{3}$ 以 2 帶入，引導學生裝滿一桶的量可以用（$\frac{4}{5}$）L $\div$（$\frac{2}{3}$）的公式。

用視覺的方式將 $\frac{4}{5}$ L 分成兩份後，再乘以三就是裝滿一桶的量，最後我們求得裝滿一桶的海水量是 $\frac{4}{5}$ L $\times \frac{3}{2}$。得出 $\frac{4}{5}$ L $\div \frac{2}{3}$ 與 $\frac{4}{5}$ L $\times \frac{3}{2}$ 相同。

教科書是經過這一領域的專家多方驗證而成的最佳概念書。理解這一章就能將分數的除法轉成乘法，並求出解答。

▌ 立體圖形

六年級上學期首次出現體積單位的概念，求出長

方體的體積與表面積是此單元的關鍵。體積的概念簡單、求出表面積的方法也不難，但如果不小心算錯，就會錯失得高分的機會。

六年級下學期有「空間與立體」、「圓的面積」、「圓柱體、圓錐體、球體」等三大圖形單元，每學一次圖形，就能有更廣泛的理解。

低年級時，雖寫過邏輯思考數學評量，而四則運算的能力達到學校課程的水準，但到了高年級，圖形概念會有所不同，多接觸圖形就能越容易理解。

前述曾提及YouTube的自動放映功能對低學年的孩童不好（參見第135頁），但若是六年級學生，可以透過觀看跟圖形相關的影片輔助學習，只是我個人覺得看書更好。

在寫與立體圖形相關的應用題型評量時，如果能讓孩子看三次元空間的立體圖形影片，會引起他們對相關知識的好奇心。以下介紹幾個能幫助學習的影片。

Math Antics – Volume
頻道：mathantics

St Patrick's Day 2D or 3D Shapes: Math Btain Break
頻道：Move and Groove Math

▌超前國中進度從運算開始

到了六年級時，有許多爸媽都會開始讓子女超前國中進度，這也會加深其他人想要盲從的想法。其實我們不需要急著「趕鴨子上架」，但也不需要推遲。即使國小沒有學得很完美也可以進入國中數學，就像五年級上學期的「因數與倍數」，與七年級上學期的數學互有關聯性一樣。以下會根據不同的時間點，仔細說明超前國中進度的方法。

● 國小五年級時開始預習國中數學

五年級的學生中，就算還沒有學到六年級下學期的進度，但如果有做五年級進階評量，且完成錯題筆記，就可以先學習國中數學，然而，這只適用於已經做完應用或進階程度題型的學生。如果只寫完五年級的基礎書，與其超前國中進度，不如寫五年級應用評量為佳。

完成五年級應用或進階評量的同學，若想超前國中進度，可以先從國中運算書開始做起。只要下定決定，六年級課程內容可以在三個月內統整完畢，可以用六年級的基礎書或題庫書，一邊整理國小課程內容、一

邊寫國中運算參考書。

當然，學習重心要放在六年級的應用講義上，因為六年級數學的難度低於五年級，所以要集中心力寫六年級的應用書。

幾乎所有出版社都有出國中運算評量，且都會從五年級的「因數與倍數」開始複習。若能從五年級的課程內容延伸至國中運算評量，會讓孩子產生「我現在正準備要成為國中生」的信心。

• 國小六年級寒假時開始預習國中數學

有去大型補習班的六年級學生，會從下學期開始接觸國中的各科目，不論是英文或數學，補習班將六下的學生視為準國中生，而非國小學生。在這樣的氛圍之下，大部分學生都會在六年級暑假學習到國中數學，換言之，此時期會完成六年級的所有課程內容，並開始面對國中運算。而六年級的數學因為有許多圖形與運算，所以會讓學童快速集中精神開始學習。

若在六年級寒假開始超前國中進度，可以一邊寫六年級進階評量，一邊寫國中運算教材。儘管沒有寫過進階書，也能在完成六年級應用書的情況下，正式接軌

國中數學。

　　國中運算書是以三週寫一本為基準，快的話可以完成一本七年級上學期的運算評量，以及國中概念書。國中數學有許多新的概念，一定要反覆練習，但最重要的是，一開始就得仔細的預習與複習。如果想理解國中數學的概念，僅需要一本概念書、兩本題庫書，或是兩本概念書和題庫書、進階書各一本就足夠了。

● 國小六年級暑假時開始預習國中數學

　　國小六年級暑假時，其實就已經是國中生了，幾個月後也要面臨七年級上學期的第一次期中考，大部分的學校都是從10月底進入期中考週，有的學校則會考3次段考。

　　從六年級暑假開始接觸國中數學，到國中第一次期中考前就可以完成「數學符號與公式」的題庫書。如果要徹底準備校內考試，可以**各練習一次概念書與題庫書中的題型，並整理出錯題筆記後，接著寫教科書、學校講義**。快到期中考時，除了英文、數學以外，還要把重點放需要背誦的眾多科目上，因此建議大家一定要事先準備數學。

　　若想在3個月內寫完概念書與題庫書，需要自行訂定學習計畫，雖然可能會有同學因為自己在國小時就學到高中數學而自傲，但還是需要謙虛一點為好，如同我不斷強調的，**真正的實力是現階段的實力。**

　　前述介紹了以基本課程、應用課程為主的三、四、五年級同學可以使用的評量，現在則要介紹以進階課程為主的六年級同學能用的評量。每個孩子的進度、程度都不同，必須從基礎、應用、進階中，選擇符合自家子女等級的評量。

　　國中數學教材相當多元化，同一家出版社也會出不同題型的參考書，父母要翻閱、比對每個出版社的基礎書、應用書，並從中找出符合小孩需求的評量。

　　升上五年級之後，每日必須學習兩小時以上，而這一標準適用於沒有去補習的同學。如果有去補習班，基本上可以採行每週學習三次、每次兩小時，或者是每週兩次、每次三小時，等於一週有六小時投資在數學上，而且每天還需要花超過一小時完成補習班的作業。

　　從這點來看，與有上補習班的同學相比，在家寫評量的同學一天只學習兩小時以上，並不算多。

　　數學是一門令人痛苦的學問，不論成績好壞，學

生都投入不少心力和時間在學數學上。

　　學習數學是孤獨的，但其成果是美好的。數學好、不因該學科拉低整體成績，到了高三，便可以維持前標以上，而若是以頂標分數為目標的學生，現在的辛苦就會在那時展現出價值。

▌自我效能──告訴自己「我做得到」

　　國小四年級的體育課有教前滾翻、後滾翻、側滾翻。據我家小孩說，幾乎全班所有同學都能完成前滾翻的動作，而後滾翻只剩下 10 人挑戰成功，到了側滾翻姿勢時，只剩 3 人順利達陣。

　　在體育課的跳墊旁邊看著同學做後滾翻，在心裡想著「好難，我一定不行」的人會成功嗎？我想應該有困難。就算下定決心說服自己一定沒問題，但對於害怕艱難的人來說，成功率就會降低許多。

　　自我效能（Self-efficacy）是加拿大社會學習理論創始者愛伯特・班杜拉（Albert Bandura）所提出的概念。所謂自我效能，是指**為了獲得成果，所需的正向行動信念**。也就是說，為了解決問題或達成目標，相信自

己目前的行為一定會有好的成效，且不是模糊的想像，而是包含具體、可實踐的技術。

以前述提及的後滾翻為例，事實上，學生在進行後滾翻之前，老師就已經透過影片仔細說明動作、做示範，並強調要將下巴往內縮、拉低脖子。

而從自我效能的角度來看，只要熟知後滾翻的方法，相信這個方式可以成功，就算最終的結果是以失敗收場，但只要在家鋪上棉被、多做練習，方能提高正能量思維，並產生「我一定可以，一定會成功」、「用這個方法行得通！」的信心。

再加上，這不是毫無根據的信心，而是堅信自己可以成功做得到的正向信念，因此自我效能高的人與自我效能低的人必然會造就不同的變化。

「正能量」可能是與生俱來，也可能是後天發展所致。愛伯特·班杜拉提出最佳方法是——**從簡單的課題開始累積成功經驗，接著提高難度，就能讓每個人相信自己目前的做法是對的。**

採用在家學數學的方式寫基礎書、應用書，並挑戰進階題目的過程，就是一種增進自我效能的方法，而努力完全征服評量，正是「只要我肯做就會成功」的正

能量觀點。

　　現階段的國小孩童可能還無法客觀看待學習過程的成果，所以大人要從旁協助，像是完成今天進度、一週進度等的小小經驗，會比任何嘮叨還更有效果。

　　如果五年級時已經熟悉如何訂定目標，那麼六年級則可以把重點放在實現短期目標上。六年級既是國小的最高年級，也面臨即將進入國中的階段，因此這將會是下定決心的好機會。而成功經驗是能夠增強自我效能的最好方法，因為只要完成一個個短期目標，便可以獲得「我能做得到」的正向思考力。

〈數學自信心〉
六年級的「角錐、百分率、圓」問題

> **題目** 請在下列空格中填入適當的單字。
>
> 根據角錐○○的樣子可以區分為三角錐、四角錐、五角錐……角錐的面與面連接的線段稱為○○，每個角錐的頂端垂直向下的線段稱為○○。
>
> 圓餅圖合計的百分率是○○○。
>
> 比例式的○項相乘總和與○項相乘總和相等。
>
> 圓周率＝○○÷直徑

　　解答：快速理解題目是解題的基礎，上題正是來自於教科書中的文字內容，因此不要遺漏任一文字的重要性，一定要全盤理解才行。

　　根據角錐**底部**的樣子可以區分為三角錐、四角錐、五角錐……角錐的面與面連接的線段稱為**稜角**，每個角錐的頂端垂直向下的線段稱為**高度**。

　　圓餅圖合計的百分率是**100**；比例式的**內**項相乘總和與**外**項相乘總和相等；圓周率＝**圓周**÷直徑。

專欄

面對獨特志向的孩子，不是只看成績

　　友人的兒子算是我從小看長大，我在這孩子讀幼兒園時認識他，也因為他跟我家大女兒年紀相同，所以我一有機會就觀察他成長的樣貌，我認為這小孩往後定會成為一個很棒的大人。

　　我並不是因為他是別人家的孩子才這麼想，然而，每一次見到友人，他都非常擔心自家兒子：「雖然兒子去家附近的小型英文補習班，卻不願意去數學補習班，到底何時才想念書啊！」

　　但我完全不擔心這孩子，就我的觀察他是一個會對喜歡的事物認真鑽研的孩童，相信等他進入高中後，一定能成為獨立完成自己分內事的人。

　　之前我曾去友人家中作客，看到客廳滿滿火車軌道時，著實嚇了一大跳，因為這精密又複雜的火車軌道，居然是一個 6 歲小朋友自己組裝的，更讓我驚訝的是，孩子的媽媽竟然沒有隨意清掉這些軌道，這也讓我學習到當子女沉迷於某事物時，父母要擁有讓他們盡情

玩耍的心胸。順帶一提，這孩子在國小時期著迷於樂高（LEGO），他拼裝樂高積木的技術之高，還可以自行從YouTube影片中領略組裝的關鍵。

如今的他是國中生，與父親一同騎著自行車進行全國大縱走，每一個週末都會設定不同的騎乘區間，也會與爸爸一起研究地圖，5個小時可以完成50公里的自行車里程，並在終點站拍照、留下紀錄。

上一回放假時，他用了五天四夜征服韓國的四大河川，就算騎到屁股痛、腳起水泡，還是堅持完成自行車縱走的計畫；在家時的他，會研究自行車、彈鋼琴舒緩壓力，沒事時會坐在電腦前觀看全國地圖。

「我們需要擔心這樣的小孩嗎？」實際上，他們孩子明確的知道自己想做什麼，只要他們能享受其中、願意深入探索事物，就會變得與眾不同，而父母只需要耐心等待即可。

這一類具有獨特志向的孩子，在長大的過程中會展現出他的價值，雖然在父母的眼中，可能會比一般同學還難以適應學校生活，但請靜心等候並守護他。

還有，**大約有九成以上的孩子並沒有夢想**，雖然做了各種嘗試，卻都未達基本門檻，我家小孩也是如

此。而學校跟教育正是為了這些孩子而存在，幾年級該學什麼、幾年級學過什麼，直到成年為止都可以探索自己想做什麼樣的工作。

在這平凡的路途中，最需要的就是誠實，也就是說，今天所做的事情就是為了明天而做準備。

6 錯題筆記，也是考前精華整理

　　出乎意料的是，人們對於自己熟悉的事物總是會更加用心。

　　舉例來說，當我們看到人文學或歷史等的通識書籍時會想說：「我知道蘇格拉底（Socrates，西元前470年～西元前399年），沒錯！我知道你。」、「孔子（西元前551年～西元前479年）、孟子（西元前372年～西元前289年）、荀子（西元前316年～西元前237年）……這些人我都有聽過，應該是出自於國中的國文課吧？為了要背出那些內容，真的費了很大的工夫。」、「第二次世界大戰是從德國……？對，日本就是因為在二次大戰中戰敗，所以韓國才能光復對吧？沒錯沒錯！」

　　人們在看通識書籍時，都會不時點頭表示認同，透過既有的知識逐步增加自己的經驗，這是累積知識的基

本。但每翻開下一頁書本內容，就會覺得越來越困難。

「吉爾‧德勒茲（Gilles Deleuze，1925年～1995年）？後結構主義（Poststructuralism）？偏執狂（paranoia）又是什麼東西？我以為這本只是簡單介紹哲學的書……這些我都不知道，我真的要繼續看下去嗎？」、「羅馬帝國末期登場的戴克里先（Diocletian，244年～312年）以尼科米底亞為首都，統領小亞細亞到埃及一帶……君士坦丁（Constantine，272年～337年）、馬克西米安（Maximian，250年～310年）、亞……不，我不行了，完全看不懂。」這是看哲學書或歷史書時，我內心真正的想法。

事實上，對於已知的蘇格拉底、孔子或二次大戰等應該要迅速翻閱，並把時間留在閱讀聽都沒聽過的吉爾‧德勒茲或戴克里先上。

然而，大部分的人看到熟悉的內容時雙眼會閃閃發光，大腦也會啟動高興的訊號。但對於不懂、不理解的部分，都會在嘆一口氣後選擇性略過。而孩子們在寫數學題目時也會出現同樣的狀況。

▌用錯題筆記釐清並確認問題

寫評量時，如果能順利解題，學習就會更有勁，若當天能寫完所有題目，更是會產生信心與希望；但萬一遇到難題就會覺得很悶、很不開心，當不懂的題目、標上星號的題目越來越多時，就會想要放棄。即使如此，子女能遵守與父母的約定並堅持到底，真的一件很了不起的事。

所謂「訂正錯題」是將寫錯的題目集結起來再寫一次，可於當天完成進度後、做完一本評量後，再做一次，並整理出錯誤的部分。

排除因為運算失誤而錯的題目，第一次解題時標上星號的題目、因不懂而寫錯的題目，以及弄錯意思而寫錯的題目等，都必須整理到錯題筆記中。

因此，在平時寫完講義後的計分階段，需要清楚標註星號題、運算錯誤題、不懂而寫錯題，以及搞錯題目意思而寫錯的題目。

平常寫完評量就要馬上算分數，接著寫一次錯題時，可能會誤以為自己真的懂了，但這其實靠的是父母的提示、或是解答的力量。等過幾天再重寫時，就會發

現那題問題依舊很難，所以要解決今天寫錯的題目不只是光整理錯題筆記，還得融會貫通今天的學習內容。

　　完全征服評量之後，把寫錯的題目都彙集起來再寫一次就稱為「錯題整理」，而其筆記就稱為「錯題筆記」。一旦開始寫錯題筆記之後，就不會覺得所有的數學問題都很難，雖然偶爾還是會出現難題，但其中一定會有變得簡單的題型，這是因為自己的數學能力已經有所提升。

　　這方法有點像是「用篩子過濾錯題」。

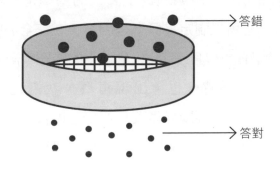

第一次寫評量時，可能會產生很多失誤。不過，寫完一本講義後，把答錯的題目整理出來再寫一次時，就會覺得其中幾題很簡單。就像先前提到的：「看到熟悉的內容，雙眼會變得炯炯有神，但對於不知道的就會

感到挫折」。

將明明上一次還不會的題型，集結成錯題筆記後再寫時，便會發現有幾題問題從不會變成會，如此一來，就能將這些題目歸納到答對的範疇內。

國中補習班也會蒐集學生們寫錯的題目，並進行錯題考試，且要考過四次才會變成真正理解的題型。

寫評量不僅是為了釐清是否理解題目中的概念，更是為了確認自己有哪些不會、似懂非懂的題目，而整理錯題的原因也與寫參考書一樣。

前面章節曾說明過選定評量的基準是答題正確率達七成，之所以制定這標準是因為，在完全征服一本講義後，剛好能梳理出一份分量適中的錯題筆記。

統整錯題時，也會出現再寫一次還是不懂的題目，若遇到此類問題只需要重新學習即可。此外，整理錯題筆記中仍然不會的題型，正是一錯再錯題筆記。如果可以，希望能夠做到訂正所有錯題，然而這個方式對小學生來說還為時尚早。

如果你的子女現階段是高中生，採用的教材也符合他的程度，那麼最好能持續做到沒有失誤為止。

但如果是小學生，在完全征服評量之後，僅需統

整出寫錯的、持續答錯的題目，若還有不足的部分，可以透過應用書、進階書，或是等待下學期、下學年再做填補。

我會將做到錯題、一錯再錯題訂正的評量稱為「完成任務」，像我會跟小孩說：「寶貝，我們今天徹底完成四年級下學期的講義任務了！」

▌四年級後再開始做錯題筆記

四年級以上應用、進階程度的學生才需要做錯題筆記，整理錯題的時機是在寫完一本評量後，而完成一錯再錯題的筆記，則是要在寫完錯題筆記之後。 第一次整理錯題時解決的題目，就歸入已解決的範圍中，而一錯再錯題筆記就只會剩下錯題筆記中依舊不會的題目。下頁圖表 3-12 是有關錯題筆記的整理辦法。

國小二年級前，我不建議大家寫課程評量，而寫邏輯思考教材與運算講義也不用整理做錯的問題，只需要一點一滴累積熟練度即可。這時，相較於反覆練習錯題，更加重要的是做各種題型的題目。

到了三年級第一次寫課程評量時，會以完全征服

目的	時間	做法
今日進度	完成今日進度後計分　→	寫錯的題目再解一次
	再次計分。　　　　　→	• 寫錯的題目跟父母一起再重頭學習一次。 • 給予子女充分的思考時間。 • 爸媽難以說明時，可以念三行解答。
錯題	寫完一本評量後，定出要整理錯題筆記的一週 →時間。	• 可以跳過單純運算錯誤的部分。 • 謹記現在開始才是真正的學習。 • 父母幫忙兒女整理錯題筆記。
一錯再錯題	完成錯題筆記後，再回頭做一錯再錯題。　→	• 從高年級開始，因為僅剩下難的題目，所以是最辛苦的時期。

▲ 圖表 3-12　錯題筆記的做法

教材為目標，並推薦從四年級開始製作錯題筆記，可以用剪貼的方式將試題卷上的問題剪下，並貼至筆記本中（參見右頁圖表 3-13）。

　　在活頁筆記本上貼上寫錯的題目，當前後頁數都錯很多時，便會耗費較多的剪貼時間；如果前後頁都有

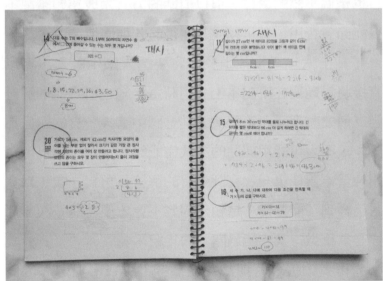

▲ 圖表3-13　國小錯題筆記範例

錯，可以選字少的那頁謄抄，單純算錯的題目亦可以跳過。做好筆記之後整本評量就變得破破爛爛的，可以丟掉也無妨，但是請記得要將解答部分保留下來。

錯題筆記上必須用簽字筆標記出第幾章、第幾頁、第幾題，不然會無法進行計分，並以一天完成12題的進度再寫一次錯題筆記，這大約會花費一到兩週。

當然，再重新買一本參考書，只寫之前答錯的題目也是個不錯的選擇，但以剪貼的方式做成錯題筆記不僅能節省費用，還可以成為往後的各種回憶。

升上六年級後，由於即將要進入國中數學，可以直接將錯題寫在筆記本上，同時這年紀也已經能理解自己為何要整理錯題筆記。尤其是國中講義一頁的題目都很多，不太可能用剪貼的方式完成錯題筆記，所以可以用練習本蓋住第一次寫評量時的解答，再寫一次，畢竟也已經到了能分辨「這題是因為不會才要再解一次，那題必須重做一次才能過關」的年紀。

再者，這一時期需要從參考書中找尋概念，因此不能用剪刀把評量剪得亂七八糟，整理錯題筆記的方法可以參考右頁圖表3-14的範例。

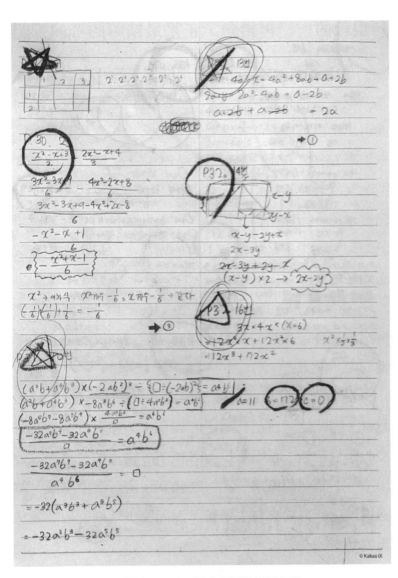

▲ 圖表3-14　國中錯題筆記範例

▍現行的一錯再錯題，正是最精華的考前筆記

萬一目前在家寫評量的進度與學校正在教授的單元、或是去補習班進行等級測試的進度有所不同，這時便可以拿出整理好的錯題筆記書寫。

若是國小階段，可以跳過標示三個星號的競賽題型，父母大略看過一遍，挑選出五到十題。因為上學期已經學過，所以不需要從基礎開始準備，只要寫錯題筆記即可。如果這當中還有不會的題目，可以再次「溫故而知新」。

邊看著錯題筆記、邊想起去年或上個學期的學習情況，便會是最好的複習，同時還能省時又有效率的準備期中、期末考。

在準備補習班的程度測驗時，錯題筆記是最棒的教材，因為這是自己寫錯過的題型，某種程度上是有難度的題目合集，爸媽可以告訴孩子「這一題考試應該會出」，並請他們再寫一次。**往後到了國、高中階段，就必須以這個方式來自主學習，然而國小時期，則需要父母協助。**

7 我該送孩子
去補習班嗎？

　　數學補習班真的非常多樣，大型補習班會有超過20位學、經歷優秀的講師陣容，並根據學生的程度、年級、進度來開設不同的課程。另外，也有同時利用四棟建築物來當作上課教室的超大型補習班；如果居住在大型社區，可能家裡前後馬路就會有幾間小型與中型的補習班，也會有專門在家上課的家教班。

　　明明補習班林立，然而每當想送小孩去補習時，就是不知道該送去哪一間，因為沒有一間補習班可以完全滿足父母所有的條件，究竟去哪才能找到具有適當的進度與作業、回應父母的建議、提供不足部分的補救課程，且又能顧及孩子情緒的黃金補習班呢？

　　很早就進入補習班的孩童，大約從6歲起就會開始接觸邏輯思考數學、遊戲數學，以及各種基本教材，不過，從7歲到國小二年級，就算不去補習班，也可以利

用市售的邏輯思考教材在家學習。

有些學齡前或是國小一、二年級的學生會去邏輯思考補習班，但這與國、高中數學成績好壞完全沒有關係，雖然這樣說可能會讓人聽了很不舒服，然而事實確實是如此。活用教具、從遊戲中學習加法、減法、乘法，並不會擴增數學思考能力，而且對於解答高年級進階題型也沒有任何助益。

所謂數學邏輯思考，必須是在解題時能夠深究進階題目，且堅持做到底。而學齡前兒童或國小一、二年級的學生尚未有這樣的毅力，這很正常。其中，有意義的部分，就只是跟老師還有同學們快樂的上一堂有趣的邏輯思考課程而已。

推薦大家在國小二年級到五年級之間去邏輯思考補習班，會接觸中級以上的多樣題型，如果孩子喜歡且經濟能力許可，也可以繼續上，但要兼顧學校課程並非易事。

然而，萬一周邊沒有類似的補習班，或是距離過於遙遠，則可以改用市售的邏輯思考數學教材在家學習。二年級暑假前可以寫完基礎邏輯思考評量，三年級起便可以寫進階程度的邏輯思考評量。

　　前述我曾說過：「**邏輯思考數學的目的是觸發小孩對這學科的興趣、提供解題目長的題型的方法，以及接觸各式各樣的題型。**」對於喜歡且享受數學的孩子來說，邏輯思考數學有一百倍的學習效果；但對於覺得數學很難的小孩而言，邏輯思考數學並不能有效提升成績，而是應該要直接面對學校教的課程才行。

▍補習班只是輔助學習

　　我在第 3 章曾提及有關補習的話題。那時我說：「當小孩與大人一同建立每天學習的慣例，並在家中規律讀書後，才能去補習班。」

　　如果貿然去補習班的話，可能會因為補習班派發的作業而覺得厭倦，最後還可能會因此討厭數學。再者，補習班若是沒有出作業、或是作業量過少，則喪失了其根本作用，因為數學本來就是一門需要不斷解題的學問。

　　補習班的目的是派發適量的作業，以及持續按照進度教學，這兩大點才是家長們會不吝惜支付高額補習費用的原因。

　　若想讓補習班有助於個人學習，就必須依照補習班進度寫作業，每天按部就班的寫作業、訂正錯誤，才能將不懂的題目變成懂的題目。但是，大型補習班的現況是進度快、作業多，或者是孩子**為了通過補習班的檢查而虛應故事的寫作業，這完全是本末倒置**的做法。

　　數學補習班必須盡量少用在黑板上解題給學生看的上課方式，因為這跟在電影院吃著爆米花看電影沒兩樣。**數學不是聽課式的學習，而是解題式的學習**。這不是說老師不用心教學，而是老師就算講解到吐血，學生光是聽著也沒有任何意義，還不如利用那個時間多做五道題目。

　　請想想看，如果是身為父母的自己，代替子女坐在補習班聽課，結果會如何呢？應該會覺得很厭煩，且難以集中精神。那就更不用說讓一個只有十幾歲的孩子成天坐在補習班的位置上，還要求他把學到的東西通通記下來，這才是真正過分的執著。

　　現行進度的話，說明概念最好的就是教科書。超前的話，概念書可以親切的說明，這一學年或下學期概念書的部分可以自行閱讀理解。如果小孩看了概念書後說他看不懂，可以先將這些話當成他不想懂、覺得很

難，當理解之後就必須開始著手做題目。

　　去補習班可能會聽到很簡單的概念說明，但事實上，聽別人說話只要超過15分鐘就會很難集中精神，畢竟這既不是綜藝節目，也不是故事，而是數學概念。

　　用眼睛看過概念書的說明，經過理解的過程後，寫基礎題目，是學習國小數學的基本，需要自行想通解題的過程才行。不過，若有考慮去參加補習班，這邊提供幾個相關的優缺點，建議可以一一確認。

　　有許多情況會造成父母無法幫孩子看評量、或是一定要送去補習，在這狀況下建議爸媽可以幫子女找家教班，或是上有學員人數限制的班級，以及同時可以即時溝通的補習班為佳。

　　國小階段最重要的是能找到以父母心態看待自家子女的老師。不論是現行、超前還是進階，決定補習班時請務必告訴孩子：「最重要的是理解你所不知道的事，然後繼續前進，而程度高低並不重要。」

　　下頁圖表3-15列舉出有關數學補習班的優劣，請在表格中寫下目前思考過的優缺點。自己的孩子自己最清楚，如果現在覺得需要送小孩去補習班，那就立刻行動，但為了不浪費補習費用與時間，請務必在家中協助

孩童認真寫補習班派發的作業。

優點	缺點
可以聽到專業的概念說明。	可以進入符合自身程度的班嗎？
可以以做作業強制學習。	扣除去補習班的時間，還會有充分的寫作業時間嗎？
有系統性的讀書進度。	補習費的負擔。
可以舒緩大人們的擔憂。	如果現在就去補習班，可以一直補到高三為止嗎？若不行，何時要停止、何時要再繼續，這需要長期計畫。
可以學習解題技巧。	可以遇到好的補習班跟補習班老師嗎？
	會仔細幫小孩訂正錯題嗎？
	孩子感受到的學習壓力會過大嗎？
	只學到解題技巧。

▲ 圖表3-15　補習班的優缺點

▌累積測驗的經驗

我家小孩曾報名過韓國數學認證考試，當時考前花了兩個月寫考古題，一開始錯非常多，但比起答錯的

題數，最傷腦筋的是解題時間不夠。

這個考試總共有30題，最大的挑戰是：「能否在不犯錯的情況下寫到第15題」、「思考時間是否夠做後續15題。」孩子寫著一回又一回的考古題，並在整理錯題筆記的過程中，有所進步。第一次的成績是40分，過了一個月後已經能到達60分的及格範圍。

參加數學競賽的重點並不在於是否有獲得獎牌，而是在沒有報名競賽準備班的前提下，在家做考古題也能一步步提升分數，此事便可以成為孩子學習的動機。

● 測試種類

補習班程度測試：我曾在第3章提及，就算沒有去補習班，也能去大型補習班做程度測試（參見第185頁）。我家小孩是在家裡學習數學，一年會去大型補習班做兩、三次的程度測試，這樣不僅可以確認孩子有沒有學好，測試的本身也是一不錯的經驗。

競賽與數學能力檢定：除了補習班的程度測驗之外，也有以全國國小學生為主的數學競賽。國小學生的競賽有**全國數學能力競賽**與**韓國數學認證考試（KMC）**[5]。若想要挑戰看看，就要寫完下學年的進階書，也要整理

競賽考古題的錯題筆記，並仔細解題。這類競賽不僅有高難度的題目，還關乎名次問題，要在家自行準備不是一件簡單的事情。

若要準備競賽、拿獎牌的話，國小、國中、高中為止的超前進度都要快速進行，同時在國中入學時，就要做高中進階題目。對於想要念頂尖高中、科學高中的學生來說，準備**韓國數學奧林匹克（KMO）大賽**是必備項目。

韓國從2025年起廢除外語高中與獨立招生的私立高中，因此特色高中[6]的入學準備會不同於以往，而頂尖高中的競爭也會更加激烈，不過這僅適用於前0.1%的學生。

看著社區補習班的華麗廣告上寫著：「韓國數學認證考試獲獎成績」，事實上，就算有流傳著孩子在國小階段就學高中數學的都市傳說，但在幾經打聽之下，

5　臺灣方面也有舉辦中小學數學能力檢定考試（Taiwan Mathematics Test，簡稱TMT）。

6　以臺灣為例，依據教育部中教司的說法：「特色高中必須是辦學及課程規畫具特色、教學資源充足、學校評鑑優良、學生來源無虞、學生表現優異的特色學校才可辦理招生。」其招生方式又分為「甄選入學」（例如音樂、美術、舞蹈、戲劇、科學、體育等專業術科）及「考試分發入學」兩種。

也幾乎都沒有以高年級的身分準備競賽的孩子。

• 準備測驗

在準備補習班等級測試或競賽、檢定時，最大的優點就是累積「全心投入」的經驗，**全心投入的最佳條件就是有一定的考試範圍與準備期間。**

申請國小五、六年級，以及國中程度的補習班程度測驗時，補習班會先詢問家長：「您家小孩的數學能力為何、用哪一本學習評量、在哪個補習班補到哪一種程度？」並非要在家學習的學生，在沒有準備的情況下去做補習班的數學分級測試，而是以認真準備考試的姿態應考。

去補習班進行測驗前，要先寫完應用、準進階程度的講義，並整理好錯題筆記。寫完一本進階書會耗費許多時間，而準備等級考試約以 10 天到兩週左右最為適當，因此，這期間可以先暫停原本在家寫的參考書進度，將考試範圍當成在校考試一樣全力準備。

補習班的程度測試範圍一般是一學期，也可能是一學年，這時買新評量來解題已經為時已晚，與其寫進階書來備考，還不如重新確認一次應用書的所有錯題，

並以完全理解此部分為目標。補習班程度測驗的重點在於時間分配，故而不需要回頭看概念，而是應該要集中在解題上。

　　當現行學年的進階教材到達整理錯題筆記的階段，且已經超前進度一年以上，就可以開始準備競賽。由於競賽的出題範圍是本人現在所屬的年級，所以可以先從運算書、邏輯思考教材、應用講義中選一本來做，完成之後再寫考古題（考古題可以在競賽報名的網站上購買），必須在家自行訂定時間，就像參加考試一樣的練習解題。

〈數學自信心〉
孩子需要正向的缺乏

　　我很害怕「富裕中的貧窮」。這是指在養育小孩時，明明身邊有書、有教材、有補習班，但不知道為什麼，總覺得無法在這當中找尋到當父母的安全感，不知道你們是否能懂我的擔憂？

　　買了一套60本的書，放入書櫃中後就再也沒有拿出來看，該說是心裡感到畏懼嗎？看著書名、摸著書封，心裡想著：「這麼多的書，到底何時可以看完？又有誰可以全部看完？」書架上放著五顏六色的單冊書籍，每一本書都很想拿出來看，還有二手書或圖書館借來的書等，每一本都讓人好奇究竟有多少人閱讀過。

　　評量也是如此，依照小孩的學習進度準備個兩本就夠了，沒有寫的參考書堆疊起來也是一種負擔。

　　在孩子寫完一本參考書之前，不要急著從網路上買下一本評量，這樣他們便能在寫完的當天感受到一點自由，等待書籍到貨的兩天時間，也可以好好休息。

　　由於補習費用相當昂貴，因此就要在可以從補習

班獲得最大利益的階段才去。不要因為計較 CP 值而將子女送去不怎麼喜歡的補習班，小孩若能徹底學到東西，就算是去最好的補習班、花最貴的補習費，也一點都不會覺得心疼。而培養孩子的學習姿態，不是補習班該做的事，而是孩子本身應該自己完成的事。

不要讓小孩去上很多不同的補習班，導致無法按時寫完所派發的作業，或是在時間緊迫的情況下，不停強迫孩子學習等，這些都是不對的做法。比起其他的孩子來說，去補習班補習的孩童所獲得的成就感連一半都不到，結果花了錢、花了時間，換來的卻只有不斷下滑的自尊心。

我認為，補習班要等到真的覺得有需要時再去也不遲。如果進度落後於其他同學，小孩就會想著：「這是因為我沒有去補習，如果我有去，就會不一樣。」對於每日做作業感到吃力時，也會想著：「去補習班的同學得做更多作業。」當對數學的掌握度高時，則會想著：「我沒去補習班也可以這樣，如果去了就會更厲害。」等到真的需要去補習時，就會帶著閃亮的眼神期待那一天的到來。

8 關於傳聞中的
　　超前數學

　　在養育孩子的過程中，時時刻刻都會聽聞大家聊到關於數學進度的事：「聽說最近有孩子已經讀三次以上的國中課程了。」、「聽說不是從國小五年級，而是從四年級就要開始念國中進度了？」、「那升上國中後要幹嘛？」、「高中數學啊，都是為了大學能力測驗而準備的啊！」

　　我其實不相信父母之間流傳的「最近都……」，當孩子想要擁有智慧型手機時會說：「除了我以外，每個同學都有手機。」當孩子想要玩遊戲時會說：「我們班同學說他週末時都有玩遊戲。」當孩子不想太早睡時會說：「媽媽／爸爸，我們班同學說他都超過11點才睡覺。」

　　我知道孩子這樣說是內心羨慕、嫉妒與擔心，其實說別人的故事很容易成為話題，且這一類的傳聞真的

很容易擴散。

不過，到了五年級後，會發現周遭真正追上國中進度的小孩並不多，而有些學童到了六年級起才開始念國中數學。

「複習三次以上的國中數學進度？」這類的謠傳確實不多，反而大多是聽過超前進度，不過，等到孩子上了國中之後，所有的學習都會重新開始，這樣一來複習三次又有什麼意義？我認為，只要符合孩子目前的速度向前走就可以了。

如果孩子能循序漸進的做基礎書、應用書、進階書，自然也得以超前進度。但是，若是為了越級學習、為了快點進入國中進度，而只有寫國中程度的基礎書，根本毫無意義。

▌如何高明的超前

若要超前進度，一定要快速且用心學習。數學是前面的部分不懂，後面就一定不會懂。例如：不知道分數就無法學小數、不了解圓就不可能理解球形，如果想要超前，就不能跳過每個階段。

　　超前的方法有兩種，其一是提早開始，另一是全心投入一年。 每個孩子、每個家庭開始的時間與速度都不盡相同，圖表 3-16 是學數學的起始點與過程。

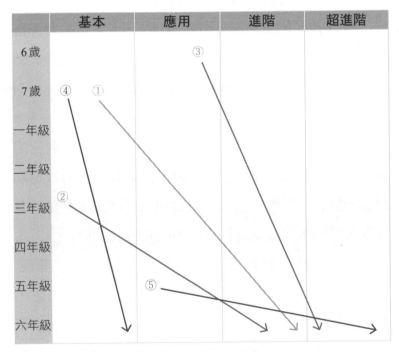

▲ 圖表 3-16　學齡前到小學的 5 種超前步驟

　　舉例來說，上表中的①是在小孩 7 歲時，從簡單的教材開始練習，一步步到課程進階的過程；②是三年級從運算教材的開始，寫到課程準進階的進程；③

是從6歲起以各種不同的評量為基礎，逐步邁向超進階的歷程；④是從學齡前到六年級為止，只以基礎教材為主的過程；⑤是從五年級起學習數學，但由於在短時間內提升成就感，因而能快速到達超進階。

我家孩子的進度分別是：小兒子是①、大女兒跟二女兒是③，6～7歲時做運算參考書，二年級暑假時做課程數學評量，再以應用書或進階書走過應用、進階課程。

如果做了進階教材後覺得太難，可以退回到應用參考書，在進階評量中答題正確率高的孩子，可以追加超進階講義。當然，在這中間曾與孩子商量過評量的難易度，但基本上就是遵循著①與③的進度進行。

我時而會考慮該不該採用②，讓小孩從三年級起寫課程基本評量，想要盡量減輕他們的負擔。換言之，在低年級時只有讓他們在學校上課，並沒有另行在家學習，等到升上高年級後，想要學習時再開始即可。如此一來，如果能在六年級時到達進階等級，便可以省下不少時間與努力。

就像⑤，從國小六年級才開始學習，不也可以進入超進階的程度？我們周圍許多學生時代很會念書的朋

友都曾說：「我國小都沒在讀書，都在玩。」這不正是活生生的證明嗎？但如今這個世代，應該不會就這樣放任聰明的孩子，畢竟現今已是補習、超前進度與競爭當道的年代。

那如果像④這樣只念基礎書呢？這只有兩種可能，一是小孩不會念書，二是爸媽沒有讓孩子向前衝的野心。但我認為這樣很可惜，在每天都有花時間在學數學的情況下，建議可以進一步到應用、進階評量。

各位父母是用上述哪一種方法讓自家小孩學習呢？對於孩子目前採用的方式感到滿意嗎？

根據數學學習地圖（參見第18頁），可以只預習下學期的進度，不過若非常想要超前一年以上分量，可以採用下列兩種方法。

1. 提早開始
逐步超前進度

2. 專心投入一年

超前一年以上

　　我家大女兒五年級的時候，因為新冠肺炎疫情的關係，整整有10個月都待在家裡，沒有去學校、也沒有去補習班，我們就利用這段時間學習數學，並超前到國中進度，在這之前她只有去過大概六個月的邏輯思考補習班。

　　但當時，我透過對話引導她下定決心要越級學習，當她拿定主意後，做評量的分量比先前多了1.5倍左右，讀書的時間也相對增加，專注力也變得更好。

　　事實上那段時間，她每天都花3小時讀數學。可能有父母會說：「沒有去補習班的話，這樣的學習量應該只是一般般。」我想這應該只有孩子尚在低年級、還沒開始正式學習數學的父母會覺得訝異。

　　畢竟要準備考取特色高中與奧林匹亞競賽，會在更小的年紀就花上許多時間研讀數學，況且在家學習的小孩所投資的時間，與去大型補習班的同學相比，並沒有太大的差異。總而言之，透過一年的全心投入學習，讓我家子女超前了兩年的進度，數學實力也有不錯的提升。

　　然而，這樣的讀書方式不可能持續三、五年。我家孩子也是在恢復正常到校上課後，就結束這種學習方

式，回歸日常生活──在寫英文補習班作業與學校作業的同時，搭配國中超前的進度做一本應用書、一本進階書的兩個章節。

如果還是想要超前，可以在一年級與七年級時花一年的時間全心投入，並按照進度一步步走向進階程度，這樣一來就能擁有超前的實力。

超前的副作用

超前進度會產生以下兩個副作用：

第一，容易陷入自滿的心態。為了超前而提早學習或全心投入確實值得讚許，**但當前的進度才是重點，必須以小孩的現行進度為依據。**

如果目前的題型都會，不論有沒有超前學習，結果都是會的；然而，若已經搞不懂當前的問題，不管超前與否，一定都不會的。最明顯的例子就是超前到國中進度的國小學生，若在學校考試時，因為失誤而錯好幾題，那麼越級學習就沒有任何意義。

可能是因為已經超前到國中數學，所以覺得自己程度相當好，但若在期中、期末考時發生失誤，一定要

馬上抓出問題、再次練習，因為考試內容大多數都是採用基本題型並搭配幾題應用題型。因此，如果是運算部分出錯，那要追加寫運算評量、如果錯在應用題，則要暫停超前進度，回頭寫現行的進階書為佳。

寫了進階評量後，自然就能解決應用題型出錯的問題，請記得超前只是預先學習而已，不要忘記這時進行程度評分的地點是學校。

超前學習時，若有不會的題目，可以先放著，等到學校學到該單元時再解一次，也是一種複習方法；或者是在超前進度的同時，去補習班做現階段的程度測試也行。這時若覺得自身的數學分數不高，可以再度寫現行的進階講義，總之不能放過學校的任何考試。

第二，時間效率的問題。國小三年級與 5 歲時，學習《拜爾鋼琴教本》（按：該書為德國鋼琴家費迪南德·拜厄〔Ferdinand Beyer〕所作的一部兒童鋼琴入門教程。）的時間就差了三倍，數學也是如此，每多一歲、每升上一年級，情況都會有所不同。

首先就是認知方面的成長，當大腦逐漸成熟，逐漸產生理性思考能力，閱讀量、理解能力也都會隨之提升，更能理解題目的說明。

　　請容我就用下例子來說明：「將係數改為整數，並將包含未知數在內的項目往左移。」這是七年級解方程式時最基本的文字，但對於國小四年級的學生來說，就會難以理解這段文字在說什麼，進而看不懂題目無法解題。

　　如果想超前進度，首要之務是要先提升閱讀理解能力，若沒有一併提升語文能力，就會看不懂題目的意思，解題的效率就會變差。

　　再來就是毅力方面的成長，孩子不僅會提升集中力、也增加許多念書的毅力，可以試著將現今小孩的進步跟兩年前相比，就會發現他可以坐在椅子上好好念書的時間真的比之前多很多，也漸漸開始能理解只要努力就能獲得成就感，便不會輕易放棄。

　　不需要只做基本程度的超前。因為快速掃視基礎書的超前，就跟事先瞄一眼目次沒什麼兩樣。可以的話，建議做到進階超前，但必須好好確認是否有遺漏的部分。

9 我的孩子
就是不喜歡數學

　　國小五、六年級時，會出現可以進入最頂尖進度、或以上進度的孩子，周圍也見過不少，不過這樣的孩童在大峙洞補習街最多。如果是養成規律學習的小孩，也可能達到這一程度，讓我們以跳跳繩為例，探討一下國小階段是否該挑戰超進階數學。

　　國小四年級體育課的跳繩是以30秒鐘可以跳幾次為評分標準，並不會以跳雙迴旋來進行評分。但如果是在專業跳繩中心、或是跆拳道道場，就能看見許多會跳雙迴旋的朋友，甚至前、後迴旋都可以。

　　他們可能是看YouTube影片自學、也可能是練習相當長一段時間，但這都不是為了取得好的名次，而是為了增強體能與提高毅力。

　　當然，這一定是自己開心要做才行，若是父母強制要求，就算體能能夠增強，情緒上也會承受非常痛苦

的壓力，更不可能持久維持下去。換句話說，喜歡運動、喜歡深究如何可以做更好的人，就會想要持續挑戰自我，這無關成績，卻對體力與毅力會有所幫助。

超進階數學或教材內容之外的邏輯思考數學也一樣，雖然學校不會對此部分計算分數，但可以透過這一過程做深入的訓練、理解數學的神祕、產生毅力，以及體會挫折與挑戰。經由這樣深入的思索，可以提高思考能力。

高年級的邏輯思考數學、超前數學、進階數學等，都與學校的課程無關，但都與上述說法是同一脈絡。不可否認的是，這對於可以享受其中的孩子、數學能力好的孩子、因為喜歡而願意做的孩子而言，就會迸發出百倍的學習效果。

如果是因為想要在競賽中獲獎而訂下目標的小孩、為了想進入菁英補習班或專業課程補習班而努力的小孩、寫進階書時，能解決自己原本不會的題目，並感受到學習樂趣的小孩等，就能學習到這些與學校成績無關的內容。這就如同增進體力一樣，培養學習能力總有一天將會對讀書產生助益。

而無法享受該科目的人，可以先排除超進階數

學、或高年級邏輯思考數學，集中在課程應用數學即可，畢竟國、高中要走的路還很長，不能在這一刻就對這個科目感到厭惡。

最令人擔憂的就是明明孩子不喜歡，卻被強迫要學超進階數學，但只是為了滿足父母的虛榮心，而這終究會導致學習倦怠，父母必須特別注意這一點。

我們不可能寫完各種參考書，若是以參與競賽為目標，可以寫考古題並做好錯題筆記；如果想培養以邏輯思考為基礎的創意能力，可以寫以「邏輯思考」為書名的進階講義；若是以進階教材完成學校課程的學生，推薦可在五、六年級時，嘗試挑戰一、兩本超進階數學評量。

學年	孩子的內心想法	父母引導的方向
一～三年級	• 寫數學參考書好像很有趣。 • 越做越不喜歡做。 • 總之先使出拖延戰術耍賴不寫吧。	• 安撫子女乖乖坐好，養成每日讀書的習慣。
四年級	• 想學習，卻又不想的矛盾心理。	• 還不知道現在的努力對未來有什麼影響。 • 可以討論看看哪一種選擇是對的。
五年級	• 我也想很會念書。	• 積極面對現實的能力。 • 建立短期目標、中期目標、最終目標。
六年級	• 我真的可以嗎？	• 累積自我效能＝完成短期目標。 • 正向思考未來。
七～九年級	• 我這部分還不足。	• 具有後設認知能力，知道自己的程度在哪、哪邊還稍有不足，可以開始進行自主學習。

▲ 圖表3-17　孩子不想學時，父母該如何引導

第 4 章

國中數學關鍵：
「題型」

1 先從計算開始準備

下面圖表4-1為國中必學的各個概念。

學年	主要概念
七年級 上學期	• 自然數的性質：質因數分解、指數運算、最大公因數、最小公倍數。 • 整數與有理數：整數與有理數的四則運算符號、絕對值、項、常數項、係數。 • 方程式：多項式次數、方程式、恆等式、一次方程式與其解、特殊解、方程式的活用。 　舉例：距離、速率、時間、濃度、定價日等。 • 座標平面、圖表與比例：對數與座標、圖表$y = ax, y = a/x$。 • 正比與反比。
七年級 下學期	• 基本圖形：交點、交線、直線、角度、對頂角、垂線、歪斜線、直線與平面的位置關係、同位角、內錯角、全等三角形（SSS、SAS、ASA）。

（接下頁）

七年級 下學期	• 平面圖形：正 N 角形、內角大小、圓與扇型、弧、弦、弓形、扇形。 • 立體圖形：多面體、角錐體、旋轉體、立體圖形的表面積與體積。 • 統計：次數分配表、相對次數分配。
八年級 上學期	• 數與式：無限小數、循環小數、基數與指數、指數法則、多項式的四則運算。 • 不等式：一次不等式（三個連續整數、成本與定價、濃度問題等）。 • 方程式：線性聯立方程式（代入法、加減法、替代法）、很多解或無解。 • 函數：線性函數 $y = ax + b$（$a \neq 0$）、X 截距 Y 截距、聯立方程式的解與圖形。
八年級 下學期	• 三角形的性質：等腰三角形、直角三角形、三角形的外心、三角形的內心。 • 四邊形的性質：平行四邊形、矩形、菱形、梯形、正四邊形。 • 相似圖形：相似三角形的條件、圖形內平行線之間的線段長度比例、三角形的中線、三角形的重心、相似圖形的面積與體積比。 • 畢氏定理。 • 機率：期望值（或、同時、單一、代表）機率（或、同時）。
九年級 上學期	• 平方根與實數：平方根、分母有理化、平方根表、平方根的四則運算、無理數的整數部分、三個實數的大小關係。

（接下頁）

九年級 上學期	• 多項式相乘與因數分解：乘法公式、因數分解。 • 二次方程式：二次方程式（$ax^2 + bx + c = 0$）、各種二次方程式、根的個數、重根、配方式、根的公式。 • 二次函數：二次函數（$y = ax^2 + bx + c$）與二次函數的圖表。
九年級 下學期	• 三角函數：三角函數的概念與值，以及三角函數的活用。 • 圓的性質：弧與弦的長度、圓的中心與弦的垂直平分線、切線的性質、三角形的內切圓、圓的外切四角形、圓周角與中心角的大小、圓周角的大小與弧的長度、圓的內切四角形、切線與弦形成的角。 • 統計：中位數、眾數、代表值、變量、誤差、標準誤差、散布圖。

▲ 圖表4-1　國中的數學課程

　　一位我曾教過的家教學生，在寫八年級的應用書時這樣說過：「當我做著國中數學，就會覺得國小數學根本就是小朋友的算術問題。」

　　這是真的，七年級的數學終於來到未知數 x，七年級上學期教的是自然數的性質，也是國小五年級上學期「因數與倍數」的延伸。之後在「符號與形式」單元

中，練習省略加號與減號，並學習以項表示式的多項式與一次式，而接下來就會進入一次方程式的章節。

2000年前的古中國與古印度就已經知道複數的存在，且無意識的使用在日常生活中。笛卡兒（René Descartes，1596年～1650年）在十六世紀首度使用座標平面，將原本僅存在於大腦中的負數，用數字呈現。爾後，又歷經數百年融合這些數學知識，最後方成為我們每學期要學習的內容。能夠使用負的符號解方程式，是用公式研究社會現象時不可或缺的工具。

我在第3章中說明過國中運算教材（參見第215頁）。原本我也以為運算是國小低年級該做的事，但在養育小孩的過程中，我才真正領悟到，國中數學才堪稱是真的運算。

進入國中後，就會深陷符號的泥沼，正負符號的概念對父母而言再熟悉不過，但對孩子來說並非如此。國小時明明就是「減號」，但到了國中竟然就變成數字前面的「負號」，因此要在正式進入單元前開始書寫相關的運算教材。我建議可以在學習小學數學的同時，也一同練習國中的運算講義，這樣一來也能更有信心面對超前國中進度。

下例是大人們可以在小孩開始做國中運算評量時詢問的問題。

-4加-2的答案是什麼？
孩子會說「-6」，是的，那麼公式該怎麼寫呢？
解答：（-4）+（-2）、-4+（-2）、-4-2等都對。

▌認識國中數學評量

• 評量種類

國中數學基本上也是採用預習、看應用書來複習。不同的是，國小時將參考書區分為基礎、應用、進階等級，但國中階段則適用於寫概念書、題庫書、進階書。

國中數學相當重視理解概念，用概念解題也很重要，尤其因為要考試，所以必須接觸許多不同的題型。

如果說國小數學的關鍵字是「進階」，那麼國中數學的關鍵字就是「題型」。

在國中時，若要選擇評量，要從概念書開始練習。如果想在國小時超前國中進度，則必須從運算教材開始做起。

• 國中評量的書寫順序

與國小不同，國中時寫概念書非常重要。在國小階段，幾乎沒有學生無法解出教科書或習作中的題目；然而國中數學的概念很複雜，就算有所理解，也會因為範疇過於龐大而記不住。

有數學天賦的人可以用一本概念書、一本題庫書、一本進階書就順利走完進度，而不太能掌握國中數學概念的人，則需要一本概念書與兩本題庫書、或是兩本概念書與一本題庫書。

若想要在學校考試中獲得高分，就一定要寫題庫書。概念書雖會在一個單元的結尾處收錄應用問題，但由於收錄的題目數量過少，故而無法將所有的題型一一寫過一遍。

國中採用的學習進度也如同國小時一樣，在寒暑假時先完成下一學期的概念書，學期中則是要寫題庫書與下學期的概念書。不過，考慮到一本評量能在兩個月內完成，因此可以嘗試寫兩本概念書或題庫書，同時亦能顧及超前進度。

若國小時有養成規律寫評量的習慣，六年級時就

可以越級到國中數學。若從六年級寒假開始，以兩個月一本的進度，八個月便能寫完八年級下學期的概念書，我想也是個不錯的做法。當然，也能等到進入國中後，繼續寫現行進度的題庫書，並逐步超前進度。

以下統整出國中評量進度可以採行的方式，並視孩子的情況，選擇適當的方式並制定計畫：

1. 用現行進度打好應用程度的底子：放假時完成下學期的概念書、學期中寫現行題庫書。學期中也可以完成厚一點的應用書或是薄一點的題庫書，寫完後，就能進入下學期的進度，不需要做進階書。

2. 用超前進度打好應用程度的底子：從六年級開始超前國中運算數學的話，可以同時在兩個月內寫完一本概念書、三個月內完成一本題庫書。

另外，每學期還能做一本概念書、一本題庫書來保持超前一年的進度。同時，還需要仔細的做錯題筆記、放假時追加寫進階書，超進階教材可以跳過不寫沒關係。

3. 用超前進度打好進階程度的底子：國小六年級起，每兩個月完成一本七年級的概念書及題庫書；國中

入學後，則可以開始寫八年級的題庫書與進階書，放假
時還可以追加超進階書。

2 每學年下學期，是翻轉排名的機會

　　圖表4-2系統性的整理出韓國的國中數學是如何逐步從學期到學年的內容。

學年	國中數學課本單元	學年	國中數學課本單元
七年級上學期	1.自然數的性質 2.整數與有理數 3.符號與形式 4.方程式 5.座標平面與圖表	七年級下學期	1.基本圖形 2.平面圖形 3.立體圖形 4.統計
八年級上學期	1.有理數以及循環小數 2.公式計算 3.不等式與方程式 4.函數	八年級下學期	1.三角形的性質 2.四角形的性質 3.相似圖形 4.畢氏定理 5.機率
九年級上學期	1.平方根與實數 2.多項式的乘法與因數分解 3.二次方程式 4.二次函數	九年級下學期	1.三角函數 2.圓的性質 3.統計

（接下頁）

• 超前有助益現行進度的推進。 • 寫過國小數學進階題目的經驗，正好在此階段可以發揮。 • 積極善用方格紙。	• 階梯式學習過程。 • 學完各單元核心內容概念後，可以背誦。 • 三角形的重心、內心、外心條件與善用方法等，在筆記上仔細整理出圖形單元的概念。

▲ 圖表 4-2　韓國的國中數學單元一覽表

▌國中數學的進度特徵

　　國中每一學年的上學期都有「方程式與函數」的單元，也稱為「代數」。國中階段若能超前進度，對於現行進度也會有所助益，且相較於國小數學每一學期都做到超進階等級，**國中數學則只需要快速跑一遍進度即可**，當然，這只有在概念書的正確率佳時才可能做到。

　　要理解國中數學概念很不容易，如果概念書的正確率高，便可以著手做題庫書，但若錯太多題，就必須反覆練習概念書。與國小數學的差異在於，進入國中後，確實能感受到概念書的難度，如果能以題庫書超前七年級與八年級上學期的進度，那麼在做七年級上學期

的進階書時就能很順利。

大峙洞補習街一帶的學生，在超前國中進度時，會以七年級上學期、八年級上學期、九年級上學期的順序進行，這樣做的原因是國中數學區分得相當明確——上學期是代數、下學期是幾何。

國中各學年的下學期是圖形與機率統計，又可稱為幾何與概統，當然這也很重要，不過這部分內容不是螺旋式而是階梯式，每一單元都會有需要背誦的地方，因此必須集中學習，這也是**國中每學年的下學期容易出現學習缺口的原因**，不過這也代表這個缺口容易填補。

我家孩子在補習班程度測驗後的諮商中，曾經收到過這樣的回饋意見：「二年級下學期四角形的部分稍嫌不足」、「三年級圓的單元很棒，但須再重學一次二年級的畢氏定理」。

圖形是成績在中後段班的學生可以踏入前段班的機會，**準備學校考試時，可以將下學期視為是翻轉排名的機會。**

超前是概念書與題庫書並進，現行是題庫書必須、進階書選擇。準備期中、期末考是題庫書、整理錯題筆記與考古題（考題網、各校網站公布的考題、補習

班提供）。寫到題庫書之後，為了整理這些單元，可以參與補習班程度測試。

▌若想進特色高中

準備考取特色高中的人，就必須將國中三年的內容，濃縮一年內做到進階書的程度，建議可以去報考專業的補習班。

準備競賽或考取特色高中並不是長期反覆做進階書就行了，國中數學的分量過於龐大，有時反而會因準備時間過長而忘記前面的內容，這也是在國小時要多接觸進階題題、擴增思考力的原因。

不需要花太多時間在認識國中進階題目上，只要能在一年內完成國中三年的進階問題的學生，就可以到補習班準備應考特色高中。

3 練習本這樣寫，可一路用到高中

國中評量的架構與國小不同，問題與問題之間不會留太多空白，因此遇到要建立公式才能思考如何解國中數學時，就須在筆記本上解題。以下列出九點有關使用數學練習本（參見右頁圖表4-3）的方法：

1. 準備一本有橫線的筆記本。
2. 將一頁紙張對半摺後攤開，中間就會產生一條垂直線。
3. 開始念書時，需要寫上日期與評量的名稱。
4. 寫下頁數與題目編號。
5. 在閱讀過題目後，確認問題要我們求出什麼。
6. 一行寫一個公式，就算公式較短，也需要一行行的整理出來。
7. 在方程式中，未知數 x 要整理成座標的數字。

No.

P53 16①

$x = 2b$　$y = 3b$

$26a - 6b = -11$

$+) 36a + 6b = 15$

$5ba = 26$

$ab = \frac{26}{5}$

$a = \frac{26}{5b}$

$\frac{52}{5} - 6b = \frac{55}{5}$

$-6b = \frac{3}{5}$

$b = -\frac{1}{10}$

$-\frac{a}{10} = \frac{52}{10}$

$a = -52$

P54. ①

$x - 2y = 1 - 2a$

$x + y = 3$

① $x > 0, y > 0$

$x = 2, y = 1$

$a = \boxed{\frac{1}{2}}$

② $x < 0, y > 0$ ⇒ ✗

④ $x < 0, y < 0$ ⇒ ✗

③ $x > 0, y < 0$

$a = \frac{11}{2}$

$\rightarrow -\frac{10}{2} \rightarrow -5$

P54. 29

$x + 3y = -6$

$3x + 5y = -2$

$-3x + 9y = -18$

$-4y = 16$

$y = \boxed{-4}$　-5

$x = 6$　5

$ax - 2by = 16$

$\boxed{6a + 8b = 16}$

$5x + 6y = a - 7$

$25 - 5b = a - 7$

$a + 5b = 32$

$6a + 30b = 192$

$-6a + 8b = 16$

$22b = 176$

$\boxed{b = 8 \quad a = -8}$

P54 21

2) 360　　$(2^3 \times 3^2 \times 5)$

2) 180

2) 90　　$(2 \times 2 \times 2 \times 3 \times 3 \times 5)$

3) 45

3) 15

5

$24x + 6y = 10k$

$+) 21x - 6y = 2k$

$45x = 12k$

$x : k = 4 : 15$　　$5a = 6y$

$x = \frac{4}{9}y$　　$9a = y$

$k = \frac{8}{9}y$　　$a = \frac{y}{9}$

①

▲ 圖表4-3　數學練習本的範例

8. 有兩個以上的公式時，一定要用框線標記。

9. 答案要用圓圈標示出來。

　　如果習慣用數學練習本解題，就可以讓數學評量保持乾淨。在練習本上寫下解題過程、計分，而答錯的部分則需在參考書上註記星號。如果用這個方式寫講義，在完成一本評量、做好錯題筆記之後，便可以一眼就看到自己的不足之處。

　　雖然國中階段還不需要徹底執行，但若能逐步練習，在上高中後，面對數學教材時將會有所助益。

▍概念筆記

　　統整概念筆記時一定要含有圖形，讓我們一起來看八年級下學期數學的主要概念吧。

學年	主要概念
八年級下學期	• 三角形的性質：等腰三角形、直角三角形、三角形的外心、三角形的內心。

（接下頁）

八年級 下學期	• 四邊形的性質：平行四邊形、矩形、菱形、梯形、正四邊形。 • 相似圖形：三角形的相似條件、圖形內平行線之間的線分。長度與比、三角形的中線、三角形的重心、相似圖形的面積與體積比。 • 畢氏定理。 • 機率：期望值（或、同時、單一、代表）機率（或、同時）。

▲ 圖表4-4　八年級下學期的數學單元

　　寫日記的人會寫下只有自己才知道的語言，等日後再次翻出日記時，便會想起那天的心情與感受。概念整理筆記的首要目標是在下筆的同時，在腦中重新整理一次，第二個目標是等待往後再次翻看時，能讓記憶更鮮明。

　　比方說，當題目出現「當兩點 O 與 O′各自為三角形 ABC 的外心與內心」的條件時，就必須想起來這是外心與內心的概念與性質。圖形的概念則需要背誦，這時如果有整理概念筆記的經驗，腦中就會浮現自己統整過的內容。

　　所有年級都需要整理概念筆記，但不必寫太多，僅在必要的單元書寫即可，尤其是活用圖形的部分。

　　我家大女兒六年級時，在邏輯思考補習班曾統整圖形概念中「三角形的五心」的筆記內容，五心分別是內心、外心、重心、垂心、旁心。搭配圖形簡單整理概念文字之後，其影像畫面就會留存在腦中，對往後解題將會大有幫助。

▍建立適當的日常規則

　　為了達成某一目標，也要學會放棄些什麼。

　　升上國中後，在日常生活上，子女就會與父母有某種程度的分離感，他們會擁有自己的空間和時間，而爸媽也無法一一干涉孩子的事物。

　　就我的育兒經驗來看，如果過度干涉，反而會讓小孩有所隱藏，因此必須學著尊重他們的隱私。

　　那麼父母該如何引導小孩養成讀書習慣，並確認每日的學習進度是否正確？**這部分最關鍵的不是由父母主導，而是讓孩子擁有自主權。**

　　讓孩子自己產生「我要寫完一本數學評量才行」的念頭，比爸媽的任一策略或資訊都還要有用。父母必須明白，要適度讓孩子掌握主導權，而透過與他們溝

通、玩耍，以此獲得良好的成績。把休閒娛樂時間拿來
念書、放棄喜歡的東西以增加讀書時間等，都必須由小
孩自行計畫。

　　大人若是提出下頁圖表4-6的計畫表，小孩不太可
能會溫順的接受，一定會先反抗，所以我們必須等待他
們能自己下定決心才行。讓孩子領悟自行到如果想提高
成績，就必須比現在更加認真努力，希望你們的小孩也
能快點到達這一時期。

閒暇時間
早上
七點半起床，然後上學
晚上
刷社群媒體 補習結束，可以玩樂 玩遊戲
週末
晚起 跟朋友見面 看電視

該放棄的事情
早上
晚上
遊戲只在週末玩
週末
跟朋友見面前寫數學講義 看電視前寫數學評量

▲ 圖表 4-6　學習、玩樂計畫表

4 知道自己會什麼，不會什麼

　　我家小兒子手指頭較粗、也不太會控制力量，在筆記本上寫字時都很用力，彷彿要折斷筆芯般。每寫一段文字，會耗費比別人更多的力氣，字體也歪歪斜斜的。

　　有一天，孩子的父親看到他的字體後說：「你的字怎麼寫成這樣，過來這邊再寫一次，不，罰寫10遍！」

　　爸爸們很容易出現這種嚴厲的口吻，但我其實內心很難過，看著小孩在爸爸面前機械式罰寫的樣子，讓我覺得很糟蹋他的努力與時間，但父親其實也有自己的育兒哲學，我也不能隨意阻止他。

　　爾後我在學習時發現到，可以最適切表現出不足部分的概念正是後設認知（metacognition）。

▍會念書的學生，後設認知高

所謂後設認知，是指了解自身的狀況、認知自我的能力、知道自己會什麼，不會什麼的能力、客觀看待自我的能力、知道自身缺少什麼的能力、承認自己也有不會做的事的能力。

後設認知是1976年由美國發展心理學家約翰・佛拉維爾（John Flavel）所創造的詞彙，是一種學習法與讀書法。

這是因為後設認知的發展會展現在「學習」的成效上，說明後設認知的文句基本上都圍繞在「自己」身上，因此可知學習的主體一定要是自己才行。

我在本書的第1章與第2章中也曾強調過，**最重要的是，父母要協助小孩養成每日念書的規律習慣**。

這是因為學齡前或低年級的孩子還沒有形成後設認知，但到了國小高年級、國中，擁有後設認知能力後，就能提高自我的學習品質。被逼著用功讀書跟自發性學習，其結果會截然不同，這也與近來流行的自主讀書法的概念一致。

當孩子到了國中，就可以將學習完全交給孩子嗎？

其實並不是這樣的。後設認知是可以透過練習與學習不斷提升，而父母的責任就是引領孩子體認到自我狀態，當然在國中這一階段，爸媽需要比國小時給予小孩更多的空間。

▌透過數學提高後設認知

如果想要提高學數學的後設認知能力，就需要不斷的解題，在討論數學學習方法之前，也必須先寫完一本評量，才可能進入下一階段。

不論是上述哪一種，都要先完成一本數學講義，才會知道自己哪邊還不足，也才能進一步啟動後設認知作業，思考自己的學習方向。

首先，要以確認答錯率多寡掌握目前的情況。若有70％以上的正確率（錯題率低於30％），可以先確認寫錯題目後，進入下一個學習階段。但是，若概念書有太多的錯誤，就必須檢討可能是學習方式出了問題。

- 雖然只是基本的概念書，但是否真正可以理解其中的概念？

- 將概念運用到題目中時，是否經常會寫錯？
- 是否是隨便寫一寫？
- 是否不懂前一學年的數學內容？

接受目前的情況也是後設認知的重要關鍵，接下來就是決定下一步該怎麼做。

- 是否要再寫一本其他出版社出的概念書？
- 是否有時間再寫另一本講義？
- 如果時間不夠，是否要再解一次同一本概念書的錯題？

不是讓補習班、也不是讓父母決定讀書進度，而是孩子自行決定，而爸媽只要在旁聽他的計畫即可。

然而，也可能會出現小孩子明明很認真的寫評量，但正確率卻未達70％的情況。這時若父母說出：「錯太多了，你根本沒有用心做啊！你真的有理解嗎？」反而會讓孩子對讀書產生反抗心。或許真的是讀書方法出了問題，但必須讓孩子自己體認到這一事實才行。

或是，當孩子處於多寫多錯、完全無法理解題目

的狀況下，本就已經對下學期的進度有所恐懼，此時父母如果還說出：「既然你已經寫完一本講義了，那麼可以換做下學期的進階書。」只會讓子女更加覺得自己的學數學很辛苦。可爸媽偏偏一直在旁邊說：「會了嗎？了解了吧？」

　　請務必協助孩子掌握目前的學習狀況，並幫助他們練習客觀的認知自身的情況。

5 不要逼他，國中孩子得自己定目標

　　我在第 3 章中曾說過，如何訂定短期目標、中期目標、終極目標（參見第 200 頁）。若在五年級時，全部的方向都是子女與父母共同決定，**那麼到了國中階段，就必須讓他們自行訂定中間目標**。以前述提及的過程，並透過後設認知決定中期目標。所謂中間目標是掌握目前自己的成績落點，決定往後的方向。

　　訂定短期目標需要父母的建議，而最具體的例子就是準備學校考試，大約要抓三週，且必須在這段時間提高準備的效率，尤其是同時要研讀多個科目，因此在考試期間之前一定要每天規律的做數學題目。

　　基本上，學校的數學考試題目約有 20 題左右。雖然每間學校的測驗風格不同，但主要以下列兩種類型為例說明：

選擇題	22題	配分	3分	8題	合計	24分
			4分	12題		48分
			5分	2題		10分
問答題	3題	配分	5分	1題	合計	5分
			6分	1題		6分
			7分	1題		7分
合計	25題			25題	合計	共100分

▲ 圖表4-7　選擇題多，問答題少

選擇題	12題	配分	5分	12題	合計	60分
問答題	5題	配分	7分	1題	合計	7分
			8分	3題		24分
			9分	1題		9分
合計	17題			17題	合計	共100分

▲ 圖表4-8　題目少但難度高

　　類型一的考試風格總共有25題，題目相當多。選擇題型的配分與題數最多，因此，必須在寫一本概念書、一本題庫書時，練習加快速度。再加上題目數是25題的緣故，必須好好分配作答時間，只要3分、4分

的選擇題都有拿到手，且再多答對一題問答題就能拿到80分左右，請帶著一定要拿到這個分數的決心好好的念書。

類型二的考試風格，題目雖少但難度高。問答題的配分高，改考卷的老師就會相當辛苦，尤其是部分給分經常會出現許多爭議，讓評分老師相當為難。

為了避免這一類的爭議，問答題通常都會有明確的給分標準，這同時也可以增加數學考試的辨別度。一定要仔細研讀老師在上課時強調一定會考的部分，也要多做講義的題目。

學校考試的每一科目都有出題範圍與出題方向。舉例而言，若二年級下學期期中考的範圍是單元一到單元三，每一單元都會平均出題、平均配分。

如果太過於仔細學習簡單的單元，就會來不及做完困難單元的錯題筆記；但若只做難的單元，就可能會錯過簡單單元的應用題型。故而平時寫概念書、題庫書時，可以先整理好錯題筆記，等到準備考試期間就能以錯題筆記與學校講義為主複習即可。

後話
讓我們的孩子可以笑到最後

　　所謂全心投入，指的不是補習班或父母的要求，而是自己建立目標、不斷探索，從而獲得成就感，取得繼續向前邁進的能量，而這必須從國小開始訓練。

　　對於概念的理解能力提高，也能解決較難的題目的小五、小六孩童，或是面對期中、期末考的八、九年級學生等，是否全心投入真的會影響成好壞。若是高中生，每個月、每學期、每一次考試，都需要傾盡全部心力，而我們就是為了考上好大學的那一天而努力。

　　在國小、國中階段若有好好讀書，到了高中就能找出適合自己的讀書風格。有人能透過線上課程聽懂一個單元的概念，並順利的解題；有人可以在解題後，答錯問題時，獨自找出解題的過程；有人可以讀個幾次概念書就通曉數學原理、有人則是只透過做考古題評量來搶分。

　　不論是上述的哪種方式，只要認真用功，就一定

會轉化為實力，最重要的是，能找到適合自己的讀書方法，而這正是源自於規律寫題目的經驗。

這個世代相較於父母的年代，可以用便宜的費用享受各種高品質的內容，但請注意，不論是選擇補習班、還是線上課程，都不要超過自己的學習程度。

只聽解難題的線上課程與一個人獨自解題，兩者可延伸的數學思考深度不同，線上聽課雖然很方便，也容易理解，但最終還是要自行面對考題。

讀概念時也是需一個人理解課本與評量的內容，無法理解的部分就回頭再看一次，並一行一行的突破，這是學數學的鐵律。

然而，當需要理解概念的時間過長，或因要回頭看之前的概念而導致無法繼續進度，就必須找出依舊不懂概念的線上課程，認真仔細的聽說明，只要一懂就關掉影片開始做題目。

同時，最忌諱「我今天聽了三小時的線上課程，等於花了三小時讀數學」的可笑想法，因為嚴格說來，用看的跟自己直接解題是完全不同的學習層次。

到了高中，若感覺到獨自解題已到達極限，可以尋求系統性的大型補習班，或接受有實力的講師菁英課

程，將國小在家寫評量所省下的錢使用在這一階段。想想這一策略相當不錯，且我也認為，讓小孩從小就處於高壓與競爭的大型補習班中，他們的童年會很悲慘。

國小時，善用適合孩子程度的評量，一本一本的完成、累積實力、培養他們對數學的自信心，真的非常重要。身為高中生的本分，除了讀書、就真的只有讀書，若想要提升成績，便只能認真讀書這一途。我真心為現在正用功念書的高中生，還有為了那一刻而準備的國小、國中學生加油。

國家圖書館出版品預行編目（CIP）資料

數學自信心：一個人能不能自主學習，關鍵在國小數學。最會
教的三寶媽帶你破解各學年數學關卡。／鄭熙景著；陳聖薇
譯. -- 初版. -- 臺北市：大是文化有限公司，2023.07
304面：14.8 × 21公分.--（Think：254）
譯自：엄마가 만드는 초등 수학 자신감
ISBN 978-626-7328-11-8（平裝）

1. CST: 數學教育　2. CST: 中小學教育

523.32　　　　　　　　　　　　　　　112006741

Think 254
數學自信心
一個人能不能自主學習，關鍵在國小數學。
最會教的三寶媽帶你破解各學年數學關卡。

作　　　者／鄭熙景
譯　　　者／陳聖薇
責任編輯／許珮怡
校對編輯／陳竑惪
美術編輯／林彥君
副　主　編／馬祥芬
副總編輯／顏惠君
總　編　輯／吳依瑋
發　行　人／徐仲秋
會計助理／李秀娟
會　　　計／許鳳雪
版權主任／劉宗德
版權經理／郝麗珍
行銷企劃／徐千晴
行銷業務／李秀蕙
業務專員／馬絮盈、留婉茹
業務經理／林裕安
總　經　理／陳絜吾

出　版　者／大是文化有限公司
　　　　　　臺北市 100 衡陽路 7 號 8 樓
　　　　　　編輯部電話：（02）23757911
　　　　　　購書相關資訊請洽：（02）23757911 分機 122
　　　　　　24小時讀者服務傳真：（02）23756999
　　　　　　讀者服務E-mail：dscsms28@gmail.com
　　　　　　郵政劃撥帳號：19983366　戶名：大是文化有限公司
法律顧問／永然聯合法律事務所
香港發行／豐達出版發行有限公司 "Rich Publishing & Distribut Ltd"
　　　　　　地址：香港柴灣永泰道70號柴灣工業城第2期1805室
　　　　　　　　　Unit 1805, Ph. 2, Chai Wan Ind City, 70 Wing Tai Rd, Chai Wan, Hong Kong
　　　　　　電話：2172-6513　傳真：2172-4355
　　　　　　E-mail：cary@subseasy.com.hk

封面設計／林雯瑛
內頁排版／思　思
印　　　刷／緯峰印刷股份有限公司

出版日期／2023年7月初版
定　　　價／420元（缺頁或裝訂錯誤的書，請寄回更換）
ＩＳＢＮ／978-626-7328-11-8
電子書ISBN／9786267328095（PDF）
　　　　　　9786267328101（EPUB）